Hella Olbertz / Pieter Muysken (eds.)

Encuentros y conflictos: bilingüismo y contacto de lenguas en el mundo andino

Lengua y Sociedad en el Mundo Hispánico
Language and Society in the Hispanic World

Editado por / *Edited by:*
Julio Calvo Pérez (Universitat de València)
Luis Fernando Lara (El Colegio de México)
Matthias Perl (Universität Mainz)
Armin Schwegler (University of California, Irvine)
Klaus Zimmermann (Universität Bremen)

Vol. 14

Hella Olbertz
Pieter Muysken
(eds.)

Encuentros y conflictos: bilingüismo y contacto de lenguas en el mundo andino

Vervuert • Iberoamericana • 2005

Bibliographic information published by Die Deutsche Bibliothek
Die Deutsche Bibliothek lists this publication in the Deutsche Nationalbibliografie; detailed bibliographic data are available on the Internet at http://dnb.ddb.de

Esta publicación ha sido posible gracias al Premio Spinoza de la Fundación Neerlandesa para la Investigación Científica (NWO).

Amor de Dios, 1 – E-28014 Madrid
Tel.: +34 91 429 35 22
Fax: +34 91 429 53 97
info@iberoamericanalibros.com
www.ibero-americana.net

Wielandstr. 40 – D-60318 Frankfurt am Main
Tel.: +49 69 597 46 17
Fax: +49 69 597 87 43
info@iberoamericanalibros.com
www.ibero-americana.net

ISBN 84-8489-202-6 (Iberoamericana)
ISBN 3-86527-212-6 (Vervuert)

Depósito legal

Diseño de la cubierta: Michael Ackermann. Fotografía: Pieter Muysken

The paper on which this book is printed meets the requirements of ISO 9706

Impreso en España

ÍNDICE

Bolivia

INTRODUCCIÓN

La dinámica lingüística en el mundo andino sigue sorprendiéndonos. A la par de la pérdida progresiva de hablantes y de dominios de uso en las lenguas autóctonas, que es la tendencia dominante, se percibe la revalorarización de identidades, culturas y lenguas locales, y la reivindicación política por los movimientos indígenas, sobre todo en Ecuador y Bolivia. Además, el castellano andino, en sus diferentes variedades regionales y sociales, sigue presentando nuevas sorpresas, ya que interactúan la influencia del sustrato, el conservadurismo lingüístico y las actitudes lingüísticas de los hablantes, que, en cada caso invididual, llevan a resultados impredecibles.

El contacto de lenguas en los Andes ha sido el tema de una gran variedad de estudios anteriores, comenzando con los trabajos de Alberto Escobar (1972) y Xavier Albó (1974, 1975) en los años setenta del siglo pasado. Más recientemente, se han publicado en los diferentes países andinos estudios monográficos que tratan en detalle el castellano andino. Cabe mencionar, entre muchos otros, el libro de Germán de Granda (2001) sobre el área andina en su totalidad, las obras de Anna María Escobar (1990, 2000) y Rodolfo Cerrón-Palomino (2003) sobre el Perú, el libro de Marleen Haboud (1998) sobre el Ecuador y el de Ana María Fernández y Juana del Valle Rodas (1998) sobre el noroeste argentino. José Luis Rivarola (1990, 2000) presenta material muy valioso sobre el desarrollo histórico del castellano andino. Por otro lado se han publicado estudios detallados del conjunto de las lenguas indígenas habladas en los Andes; más recientemente los libros de Alfredo Torero (2002) y Willem Adelaar y Pieter Muysken (2004). Además, hay un sinnúmero de estudios sobre los aspectos políticos y educativos del plurilinguismo andino, como por ejemplo los de Nancy Hornberger (1988/1989) y Utta von Gleich (1989).

La idea para este libro surgió del interés común de los editores en el análisis de un corpus proveniente del trabajo de campo realizado por Pieter Muysken en la Sierra Central de Ecuador, particularmente en Salcedo, provincia de Cotopaxi. Este corpus, que consiste en habla espontánea rural influenciada de forma más o menos fuerte por el quechua, fue terminado de transcribir recientemente por Cecile van der Ent, aunque todavía no está listo para la publicación. Los estudios de Cecile van der Ent y Hella Olbertz presentados aquí parten de este mismo corpus. Para llegar a una visión más amplia del mundo andino, incluyendo, por un lado, distintos enfoques lingüísticos y por otro un área geográfica más extensa, hemos pedido su colaboración a diferentes especialistas. El resultado es esta recopilación de artículos sobre los efectos tanto sociales como lingüísticos del bilingüismo en el área andina, con especial énfasis sobre el contacto entre el castellano y el quechua. Mientras que los estudios sociolingüísticos consideran las lenguas indígenas en su relación con el castellano, los demás estudios tratan los efectos del contacto lingüístico sobre el castellano, con la excepción de un artículo sobre la media lengua. Obviamente, postular un sustrato indígena para cualquier construcción o forma en el español andino implica toda una serie de cuestiones complejas de índole metodológica. En los artículos individuales, algunas de éstas se discuten en base a casos específicos.

Hemos ordenado los estudios por país, empezando por el Ecuador, pasando por el Perú, y llegando a Bolivia. Dentro de cada sección, se comienza con los artículos que consideran la situación lingüística desde una perspectiva más amplia, para luego seguir con trabajos con un enfoque gramatical más detallado.

La sección del ***Ecuador*** comienza con un trabajo de MARLEEN HABOUD sobre el estatus actual del quichua ecuatoriano en diversos espacios sociocomunicativos: ¿tiene poder solamente simbólico o también poder real? JORGE GÓMEZ RENDÓN presenta datos sobre la historia externa, el uso y la estructura de la media lengua de Imbabura. Siguen dos artículos que parten del corpus de Salcedo: CECILE VAN DER ENT analiza el uso y la omisión de los clíticos de objeto y HELLA OLBERTZ estudia el uso de *dizque* desde una perspectiva comparativa sincrónica y diacrónica.

En el primer artículo en la sección sobre el ***Perú*** EVA GUGENBERGER estudia el desplazamiento lingüístico en la migración de los hablantes del quechua hacia las ciudades. RODOLFO CERRÓN-PALOMINO presenta datos sorprendentes sobre la supervivencia de un sufijo de la lengua culli en el castellano regional del norte de Perú, tal como está documentado en un texto literario. La sección peruana termina con un estudio de ANNA MARÍA ESCOBAR, quien parte de un corpus de conversaciones espontáneas con hablantes bilingües en quechua y español del departamento de Cuzco para describir la gramaticalización de *que*.

El primero de los dos trabajos de la sección de ***Bolivia*** de INGE SICHRA, enfoca el bilingüismo en la ciudad de Cochabamba desde una perspectiva subjetiva, evaluando los valores afectivos que tiene el quechua para los hablantes. ANTJE MUNTENDAM presenta un estudio lingüístico sobre cambios en el uso del pronombre reflexivo en base a 16 entrevistas con hablantes bilingües de Tarata (Cochabamba).

Queremos agradecer a los autores por haber puesto a nuestra disposición sus trabajos y por realizar pacientemente las —a veces múltiples— revisiones que les pedimos, a Pilar Rodríguez y a Marcela Vergara por las correcciones del castellano en algunos artículos, y a dos revisores anónimos por sus útiles comentarios, que nos ayudaron a mejorar la calidad de este libro. La publicación de este libro no habría sido posible sin el apoyo financiero del Premio Spinoza de la Fundación Neerlandesa para la Investigación Científica (NWO).

Marzo de 2005

Hella Olbertz
Pieter Muysken

Referencias

ADELAAR, Willem con la colaboración de Pieter MUYSKEN (2004): *The languages of the Andes*. Cambridge: CUP.

ALBÓ, Xavier (1974): *El futuro de los idiomas oprimidos*. [*Cuadernos de investigación* 2]. La Paz: CIPCA.

— (1975): *Los mil rostros del quechua*. Lima: Instituto de Estudios Peruanos.

CERRÓN-PALOMINO, Rodolfo (2003): *Castellano andino: aspectos sociolingüísticos, pedagógicos y gramaticales*. Lima: PUCP-GTZ.

ESCOBAR, Alberto (comp.) (1972): *El reto del multilingüismo en el Perú*. Lima: Instituto de Estudios Peruanos.

ESCOBAR, Anna María (1990): *Los bilingües y el castellano en el Perú*. Lima: Instituto de Estudios Peruanos.

— (2000): *Contacto social y lingüístico*. Lima: PUCP.

FERNÁNDEZ, Ana María y Juana del VALLE RODAS (1998): *Español y quechua en el noroeste argentino: contactos y transferencias*. Salta: Universidad de Salta.

GLEICH, Utta von (1989): *Educación primaria bilingüe intercultural en América Latina*. Eschborn: GTZ.

GRANDA, Germán de (2001): *Estudios de lingüística andina*. Lima: PUCP.

HABOUD, Marleen (1998): *Quichua y castellano en los andes ecuatorianos. Los efectos de un contacto prolongado*. Quito: Abya-Yala.

HORNBERGER, Nancy H. (1988): *Bilingual education and language maintenance*. Dordrecht: Foris = (1989): *«Haku yachaywasiman»: la educación bilingüe y el futuro del quechua en Puno*. Lima: PEEB-P.

RIVAROLA, José Luis (1990): *La formación lingüística de Hispanoamérica*. Lima: PUCP.

— (2000): *Español andino: textos bilingües de los siglos XVI y XVII*. Frankfurt/Madrid: Vervuert/Iberoamericana.

TORERO, Alfredo (2002): *Idiomas de los Andes: lingüística e historia*. Lima: Horizonte.

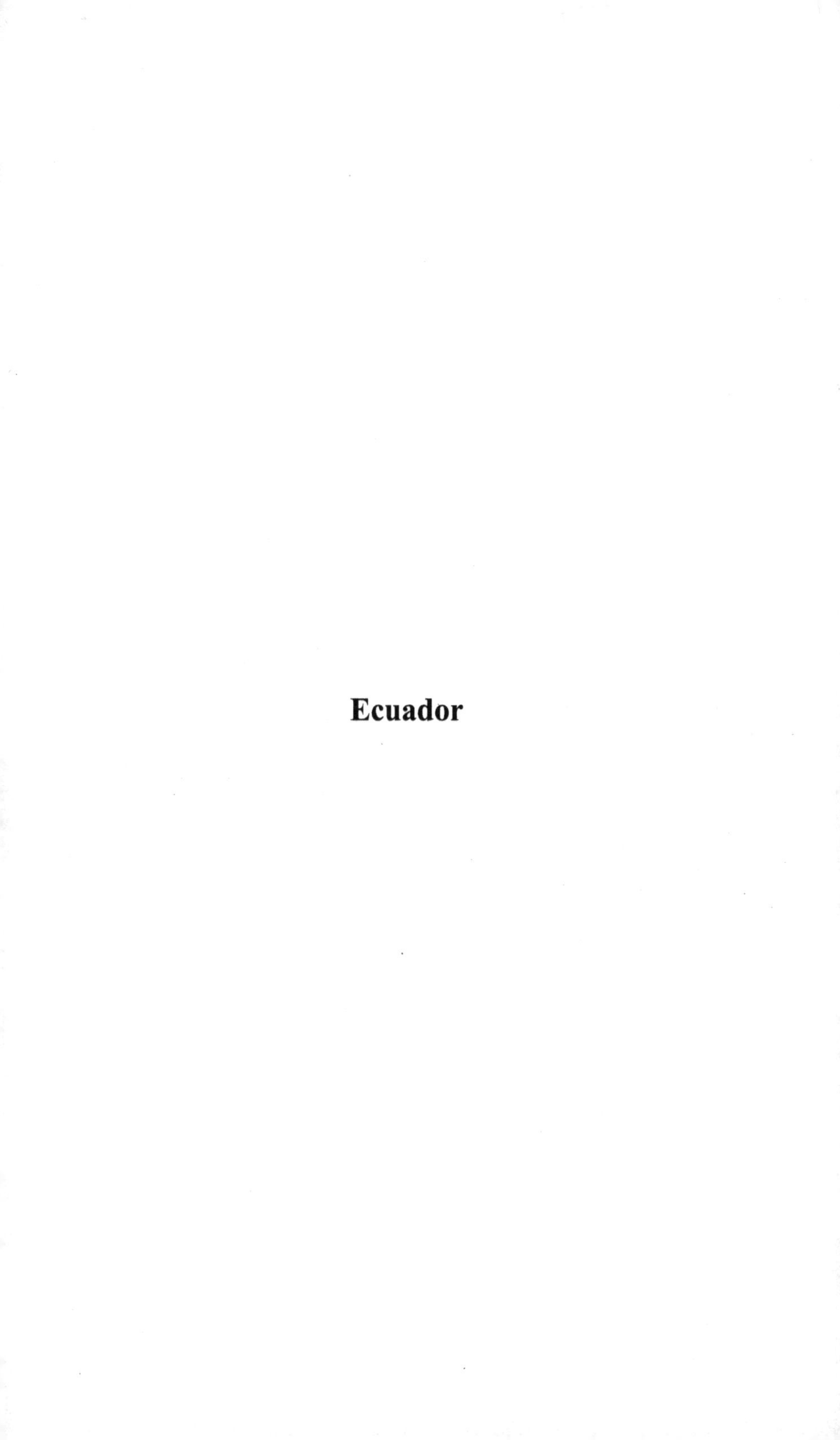

Ecuador

QUICHUA ECUATORIANO:
ENTRE EL PODER SIMBÓLICO Y EL PODER REAL

MARLEEN HABOUD
Universidad Católica del Ecuador /
Universidad San Francisco de Quito

1. Introducción

En este artículo analizo la dinámica de uso del quichua ecuatoriano en ámbitos públicos y privados y su repercusión en la vitalidad de la lengua. A partir de datos cualitativos y cuantitativos se muestra la funcionalidad de la lengua a nivel público, instancias oficiales y espacios de comunicación familiar y comunitario, siempre tomando en cuenta el contexto de multiculturalidad y multilingüismo que caracteriza al Ecuador. En la primera parte presento brevemente la situación demográfica y multicultural del país. A continuación, y luego de puntualizar algunos conceptos, describo la multifuncionalidad del quichua; esto es, su poder emblemático y su función comunicativa en diversos espacios sociocomunicativos (contextos en términos de Fishman 1971-1972). A lo largo de la exposición se ponen de manifiesto las muchas controversias que rodean a los ecuatorianos y a sus lenguas minorizadas.

2. El contexto ecuatoriano

El Ecuador, uno de los países más pequeños de América del Sur (272.045 km^2) con una población de 12.156.608 hab. según el censo de 2001 (SIISE 2002) se caracteriza por la presencia de al menos 11 pueblos (nacionalidades) indígenas, población afroecuatoriana y población mestiza. Las nacionalidades indígenas que llegan a conformar el 30% de la población del país se encuentran en las tres regiones: costa (awa, chachi, tsachi, êpera); Sierra (quichua) y Amazonia (a'i (=cofan), siona, secoya, záparo, huao, quichua y shuar-achuar), y mantienen una lengua y una cultura propias, siendo la lengua quichua la que tiene más de 1.000.000 de hablantes en el país y la que ha hecho mayor presencia en la formación de organizaciones indígenas nacionales e internacionales.

3. Puntualizando conceptos

Este análisis se enmarca en el campo de la ideología lingüística (o ideología de la lengua) entendida tanto en su relación con los aspectos estructurales de la lengua como con instancias de poder. No hay un consenso en el significado de lo que es ideología lingüística, sin embargo, en este trabajo se toma en cuenta tanto las ideas como las prácticas que afectan a los procesos lingüísticos y a los sociales (Woolard 1998: 11). Vista así, la ideología es activa y dinámica, de ahí que sea importante determinar y entender sus efectos concretos en el mundo social en el que actúa. En este sentido, Mannheim ([1963] 1985) defiende la idea de que la ideología tiene que ser total, es decir, un sistema o sistemas que se sitúan socialmente y que se comparten colectivamente. Esta visión, si bien es importante, no toma en cuenta las relaciones de poder implícitas en las situaciones de contacto lingüístico como la que nos atañe en este trabajo. De hecho, si entendemos por ideología toda instancia que forma sujetos sociales, debemos tomar en cuenta su relación compleja con instancias de poder pues casi todos los actos humanos sirven de algún modo para organizar relaciones sociales. De las varias perspectivas que analizan la ideología lingüística, nos interesa destacar aquella que trata de entender el fenómeno ideológico a partir del contacto entre lenguas.[1]

Partimos de la premisa de que el uso de la lengua en sí misma no es lo que forma la sociedad, ni las identidades, ni las relaciones, sino que lo que provoca efectos de revalorización de una lengua como un instrumento de comunicación o como un símbolo, son sobre todo las interpretaciones ideológicas que se hacen de ella y que deben ser entendidas como dinámicas y cambiantes. Esto es aún más pertinente para los casos de contacto de lenguas en los que las lenguas minorizadas enfrentan permanentemente conflictos lingüísticos y sociales.

Como ya se mencionó, la ideología y las relaciones sociales se constituyen mutuamente (Thompson 1990: 58) y tiene por tanto efectos en la sociedad (o sociedades) en contacto. Aquí nos interesa analizar la situación de mantenimiento y/o pérdida del quichua ecuatoriano en su relación con la lengua dominante, el castellano, y con la sociedad ecuatoriana indígena y no indígena.

Dada la situación de minorización del quichua, es importante que en nuestro análisis tomemos en cuenta su relación con las políticas lingüísticas y educativas, el purismo y la estandarización que aunque pueden favorecer el mantenimiento o la pérdida de una lengua, son insuficientes si no van acompañadas de acciones concretas y específicas (Garcés 2002; Woolard 1998). El purismo que

1 Para un análisis de otros puntos de vista, ver Woolard (1998).

aboga por una variante ideal, a menudo alejándose de la práctica de los hablantes, los puede llevar a desconocer y/o menospreciar su propia variante en la búsqueda infructuosa de «la lengua verdadera». En cuanto a la estandarización de la lengua, se pone en juego la idea de acceder a una lengua prestigiosa e institucionalizada que cumpla con las normas y sistematización idealizadas como de poder y privilegio. Recordemos, sin embargo, que los proyectos de estandarización son en parte proyectos discursivos y procesos ideológicos más que hechos empíricos.

Dada la complejidad sociocultural (clase, género, élites, generaciones, etc.) que rodea a cada lengua, es difícil entender el entramado que rodea a la ideología lingüística. Por ejemplo, al analizar la situación de las lenguas minorizadas, no podemos perder de vista su potencial para convertirse en entidades distintivas y emblemáticas de un (su) grupo,[2] o la significación que adquieren los conceptos ideológicos de una lengua dentro del entramado social (semiótico, en términos de Geertz, [1964] 1973).

Cabe entonces preguntarnos si debemos hablar de lengua y poder o más bien del poder de la lengua. Este cuestionamiento no es nada nuevo, pues el poder que se adjudica a la palabra (léase, lengua) ya se puso en evidencia entre griegos y latinos para quienes las palabras eran comparadas con armas afiladas, lanzas que hieren, substancias químicas o elementos comestibles que pueden dañarse o preservarse, y que siempre aparecen como portadoras de luz y gusto propios (Ullmann 1970: 43).

Desde siempre, la palabra ha tenido una doble función, por un lado está la de servir como medio de comunicación, y por otro, la de convertirse en un símbolo de autoidentificación y lucha. Green Stocel al referirse a la importancia de las lenguas indígenas en el mantenimiento de sus pueblos afirma que:[3]

> En el proceso de reconstrucción de los pueblos indígenas, la lengua ha superado su función de satisfacer las necesidades de comunicación y pensamiento, para convertirse en un símbolo de identificación, en un símbolo político de unidad, de pertenencia (1995: 4).

Y es que en la esfera política, el poder institucionalizado está estrechamente relacionado con el tema de la lengua y del poder simbólico. En este sentido, y como expresa Bourdieu (2000), son los contextos multilingües y multiculturales los idóneos para tratar de formar y transformar las visiones del mundo y el

2 Para una discusión de este tema, ver Kroskrity (2000).

3 Para una discusión de la ecuación lengua-identidad, ver Woolard (1998).

mundo en sí por medio de la lengua. Es en estos contextos en los que las palabras se convierten en acciones y el carácter simbólico del poder se pone de manifiesto.

Hay unos símbolos más poderosos y otros menos poderosos, la lengua, utilizada en ambientes de conflicto, se convierte en una arma de gran alcance que muestra de alguna manera que el vivir en situación de subordinación no significa no poder pensar o reaccionar frente al mundo dominante,[4] sino encontrar nuevas estrategias de sobrevivencia. Este poder simbólico de la palabra frecuentemente puede darse como un poder invisible difícilmente reconocible o legitimizado, creándose una especie de antilengua que por un lado toma características de la lengua dominante (i. e., préstamos) pero por otro la reta enfrentándola públicamente.

De la visibilización y adquisición de poder simbólico del quichua, me ocupo en la siguiente sección.

4. El poder simbólico del quichua

En las últimas décadas el quichua ecuatoriano ha sido revalorizado como un símbolo emblemático, especialmente en el campo político. Esto es fácilmente comprobable con una rápida mirada del desenvolvimiento de las organizaciones indígenas ecuatorianas durante las últimas décadas, así como de los informes oficiales escritos y orales por parte del gobierno central y los seccionales. En efecto, en las dos últimas décadas, el quichua ecuatoriano ha sido el blanco de nuevas leyes, formaciones políticas, representación nacional junto a nuevos gobiernos, y a pesar de una serie de contradicciones que enfrentan las organizaciones indígenas, el quichua ha logrado abrirse un importante espacio en el ámbito oficial.

Mientras el Artículo 1 de la Constitución de 1945 señalaba que el castellano es la lengua oficial del Ecuador, y que el quichua y las otras lenguas indígenas son parte del bagaje cultural del país, las últimas reformas a la Constitución (1998), Art.1, estipulan que:

> El Estado respeta y estimula el desarrollo de todas las lenguas de los ecuatorianos. El castellano es el idioma oficial. El *quichua*, el shuar y los demás idiomas ances-

4 Este fenómeno es muy claro en el caso de los migrantes. Para una discusión en torno a la cultura y la globalización, ver Barbero (2002); Herrera (1999); Eriksen (1993); Globalización y fronteras (s/f).

trales son de uso oficial para los pueblos indígenas, en los términos que fija la ley (énfasis mío).

Tales cambios son relativamente nuevos pues no es sino hasta la década de los años 80, y debido sobre todo a la presión ejercida por las organizaciones indígenas,[5] que el gobierno ecuatoriano empezó a promover públicamente la construcción de un Estado plurinacional, multilingüe y multiétnico con el fin de favorecer a los sectores menos privilegiados del país (León 2002).

Estos triunfos de la población y las organizaciones indígenas en el ámbito de la lengua han ido de la mano con varios otros relacionados con la defensa y el reconocimiento de los derechos colectivos (Constitución reformada de 1998) y la creación de la Dirección Nacional de Salud de los Pueblos y Nacionalidades Indígenas (1999). Igualmente, en los años 2000 y 2001, Nina Pacari (lidereza quichuahablante, entonces representante al Congreso Nacional) presentó propuestas para incorporar a la Constitución, la Ley de uso oficial de los idiomas ancestrales del Ecuador[6] (ver Haboud 2004b; Pacari 2000 y 2001), las mismas que enfatizan en los derechos que los ciudadanos, pueblos y organizaciones indígenas del Ecuador tienen a usar sus idiomas ancestrales para expresar sus puntos de vista, peticiones y demandas, oralmente o por escrito, en actos públicos y privados; así como en la obligación que tiene el Estado de garantizar su uso en todos los ámbitos científicos, culturales y educativos a todo nivel. Dentro de la misma línea, Pacari propuso además que la legislación ecuatoriana y todo documento oficial y público estén disponibles, para toda la población, en sus lenguas originarias (Pacari 2000; 2001). Si bien estos son todavía objetivos difíciles de lograr, se evidencia el hecho de que la lucha por los derechos individuales y colectivos ha tenido a las lenguas indígenas, especialmente el quichua, como emblemas de lucha.

Ahora bien, que se mencionen públicamente las lenguas indígenas o que se las considere oficiales en los ambientes en donde residen sus hablantes, no implica que en la práctica se las acepte o practique públicamente. Éste ha sido un tema de discusión especialmente para organizaciones indígenas que, como la *Confederación de Nacionalidades Indígenas del Ecuador* (CONAIE), abogan

5 Desde la década de los 70 las organizaciones indígenas del país y de América Latina han tenido un desarrollo muy significativo y han participado activamente en la vida nacional. Su visibilidad ha aumentado notoriamente a nivel nacional e internacional, especialmente en lo que a temas lingüísticos, identitarios y educativos se refiere. Esto ha generado cambios profundos en la política en general así como en las políticas lingüísticas y educativas. Según Acosta et al. (2001), el país cuenta con más de 400 representantes indígenas a nivel parroquial; al menos 100 que actúan en el ámbito municipal, y de 20 en concejos provinciales y/o prefecturas.

por la defensa de un Estado plurinacional, multiétnico, multilingüístico y pluricultural en el que se debe luchar por la unidad en la diversidad.

Es de justicia afirmar que el inicio de este siglo ha marcado momentos sin precedentes para las poblaciones minorizadas. El presidente, coronel Lucio Gutiérrez, tuvo colaboradores indígenas que desempeñaron cargos nacionales importantes como ministerios y alcaldías. Al mismo tiempo, la presencia indígena ha generado y/o exacerbado una serie de controversias y antagonismos tanto entre las mismas poblaciones y organizaciones indígenas como en los sectores no-indígenas. En este ámbito, queda por verse qué estrategias desarrollarán los indígenas para enfrentar, por un lado, su inexperiencia en las relaciones con la élite política y la burocracia nacional,[7] y por otro, las actitudes racistas y discriminatorias persistentes de los sectores dominantes.[8] En la práctica sabemos que las leyes son insuficientes cuando:

> ... la costumbre y las sanciones informales constantemente indican a los indios cual debe ser su lugar subordinado en la sociedad [...]. Los indios como seres inferiores deben ir atrás, no estorbar y ceder su espacio a sus superiores (De la Torre Espinoza 1996: 17).

¿Cuál es el rol del quichua en otros espacios oficiales como los programas educativos formales y los medios de comunicación? De estos temas me ocupo a continuación.

4.1. Educación formal quichua: ¿en quichua, con quichua, para el quichua?

Aunque desde la época de la Colonia[9] se utilizaron las lenguas indígenas, especialmente el quichua, con fines educativos y de cristianización, no es sino hasta la década de los 80 que se toman resoluciones oficiales tendientes a favorecer el mantenimiento de las lenguas y culturas originarias. Así en:

---

6 No se ha llegado a tomar decisiones sobre estas propuestas por falta de acuerdo entre los miembros del Congreso (Nina Pacari, comunicación personal, octubre 2002).

7 Al momento de escribir este artículo se hablaba ya de desacuerdos entre el gobierno central y las organizaciones indígenas. En publicación de uno de los diarios vespertinos de alta popularidad en la ciudad de Quito (*Diario de la Tarde*) del 19 de febrero el titular de la primera página reza: *indios, go home... la CONAIE quiere irse, Gutierrez responde, si quieren irse, que se vayan no más.*

8 Ver, por ejemplo, *El Comercio*, 8 de enero de 2004.

9 Hacia 1780 se dio un cambio radical en la política lingüística oficial de la Colonia que hasta entonces había tolerado el uso del quichua a favor del castellano (Garcés 1999).

- 1979 (como parte de una serie de reformas a la Constitución de 1945), el Estado aceptó el uso de lenguas indígenas para propósitos educativos.
- 1982 (12 de enero), se promulgó el Acuerdo Ministerial 000529 mediante el cual se acordaba: «Oficializar la educación bilingüe bicultural, estableciendo en las zonas de predominante población indígena planteles primarios y medios donde se imparta instrucción en los idiomas quichua y castellano o su lengua vernácula».
- 1983, se reformó el artículo 27 de la Constitución de la República con el fin de que: «En los sistemas de educación que se desarrollan en las zonas de predominante población indígena, se utilice como lengua principal de educación el quichua o la lengua de la cultura respectiva y el castellano como lengua de relación intercultural».
- 1988, según el Decreto Ejecutivo 203, que reforma el Reglamento General a la Ley de Educación, se institucionalizó la educación intercultural bilingüe con la creación de la Dirección Nacional de Educación Indígena Intercultural Bilingüe (DINEIIB).
- 1992, la DINEIIB pasó a la categoría de Organismo Técnico Administrativo y Financiero descentralizado, Dirección Nacional de Educación Intercultural Bilingüe / DINEIB (MEC 1992; DINEIB 1994). Éste busca ampliar el ámbito de la educación intercultural bilingüe a la sociedad ecuatoriana en general.
- 2000, se publicó el Plan Nacional de Derechos Humanos del Ecuador en cinco idiomas, uno de ellos quichua (García 2000), y en el 2002 se tradujo al quichua la Constitución del Ecuador (Fundación Konrad Adenauer 2002).[10]

Si bien no es posible acceder a documentos oficiales en todas las lenguas indígenas del país, sí se ha logrado reformar las políticas lingüísticas y educativas para dar a las lenguas indígenas, espacios de mayor oficialidad, y promover su utilización para fines académicos dentro del marco de los programas de educación intercultural bilingüe (EIB). Ahora bien, evaluaciones recientes del sistema educativo muestran que la EIB no enfrenta únicamente una serie de limitaciones técnicas y económicas sino también permanentes controversias políticas y técnicas que producen continuos cambios pedagógicos, metodológicos y filo-

10 Colette Christian (Agregada Cultural de los Estados Unidos en comunicación personal, diciembre de 2003), comenta que se han traducido al quichua, y distribuido en escuelas interculturales bilingües, los primeros cinco artículos de la Constitución de los Estados Unidos. Los efectos que esto pueda tener en la población escolar, son inesperados.

sóficos (Ministerio de Educación y Cultura 2002). Por otro lado sigue siendo una tendencia generalizada de la población ecuatoriana (hablantes y no hablantes de lenguas indígenas), la de considerar que dichas lenguas no pueden ser usadas en el contexto académico. Informes de la Dirección Nacional de Educación Intercultural Bilingüe (DINEIB) consideran que algunas de las debilidades del sistema intercultural de educación son (Ministerio de Educación y Cultura (MEC) 2002: 4):

- Uso de la lengua indígena solo en el espacio familiar comunitario.
- Poca producción de materiales escritos en lenguas indígenas.
- El no uso de las lenguas indígenas en el tratamiento de las áreas del conocimiento.[11]
- Falta de programas de desarrollo de la identidad cultural.
- Jerarquización del idioma extranjero.[12]

Esta tendencia no ha cambiado en los últimos años a pesar de las campañas educativas que favorecen las lenguas indígenas o de su presencia en el ámbito oficial. Así lo demuestra Beijsterveldt (2004) luego de entrevistar a supervisores y profesores de escuelas interculturales bilingües en varias provincias de la Sierra. Como puede verse en las transcripciones a continuación, según los entrevistados, uno de los problemas que enfrentan los maestros bilingües es el rechazo de los padres a la enseñanza en quichua bajo el argumento de que sus hijos ya hablan la lengua y no la necesitan:[13]

> «Los padres no desean que (sus hijos) aprendan quichua» (SA,[14] Supervisor EIB, Chimborazo).
>
> «Los padres de familia desean que sus hijos aprendan el español» (AR, Coordinador Nacional del Currículo, Pichincha).
>
> «Los padres y madres, considero que aún no están sensibilizados para que el quichua sea una lengua de aprendizaje, pero va paulatinamente siendo incluida en el proceso educativo» (ACh, Docente, Bolivar).
>
> «Los padres de familia, por el fenómeno de la globalización, en algunas ocasiones no quieren que sus hijos aprendan quichua» (IPG, Docente, Cañar).

---

11 Nótese el uso del término conocimiento como relacionado únicamente al aprendizaje académico formal.

12 Para un análisis de estos temas, ver además Haboud (2004a, 2004b); Floyd (2003); Krainer (1999); Cotacachi (1989).

13 Agradezco a Mirjam van Beijsterveldt por facilitarme estas entrevistas.

14 Las siglas en estas citas corresponden a las iniciales de los nombres de los entrevistados.

> «Los padres de familia exigen hablar castellano a sus hijos» (FO, Docente, Imbabura).
>
> «Hasta hace poco tiempo los padres de familia no querían que sus hijos aprendan el quichua. Ahora por lo menos se acepta» (ÁPCh, Supervisor, Loja).

Además de lo expuesto, hay otro punto de contención relacionado con las variantes del quichua consideradas oficiales. Así, el quichua que se intenta utilizar en las escuelas, y que es el reconocido como estándar, difiere de las variedades usadas por los hablantes en la vida diaria, lo que ha creado inseguridad en los estudiantes y sus padres quienes consideran que su lengua es *chapushca* (Q.: «mezclado») y que es mejor no hablarla (Floyd 2003; Garcés y Haboud 2002). Sin embargo, la élite intelectual quichua, deseosa de dar a su lengua un estatus similar al de la lengua oficial, busca perfeccionarla con mecanismos como la purificación y modernización. Uno de los diarios de mayor cobertura del país publicó recientemente: «Academia de la lengua purificará el kichwañol [...]. Representantes de varias provincias crearon la entidad» (*El Comercio*, 7 de diciembre 2003, p. B4).

Hay pues una permanente tensión entre el funcionamiento cambiante y diverso de las lenguas y las fuerzas normativas que tratan de impedirlo. Esta tensión, aunque es históricamente inevitable y parece agudizarse en el caso de lenguas minorizadas, es contraproducente para la vitalidad de las lenguas subordinadas. Como afirma Idiazabal:

> ... acudir a la normativa única (su definición primero y su difusión después) ha sido una tendencia generalizada [...] las actitudes normativistas interfieren en todas las actuaciones de uso. Ser consciente de ello será el primer paso necesario para relativizar y controlar su influencia en las empresas normalizadoras que se pongan en marcha (1998: 218).

Los representantes de la Academia Quichua demandan además que la lengua se oficialice con el fin de favorecer su vitalidad (*El Comercio,* 7 de diciembre 2003, p. B4). Si bien la oficialización sería un puntal en lo que al estatus de la lengua se refiere, bien sabemos que ni la oficialización, ni los intentos de purificación, ni la modernización garantizan la vitalidad de una lengua. Como bien dice Sichra (2003), si bien la modernización es importante, ésta no garantiza ni la vitalidad intrafamiliar, ni la comunitaria. Lo que si es prioritario es expandir el uso de las lenguas al mayor número de situaciones y ambientes:

> Los teóricos [...] y la propia experiencia nos han demostrado [...] que lo más importante para subsistir y fortalecerse como hablante de una lengua minorizada es usarla en el mayor número de funciones y de ámbitos, independientemente de la variante lingüística que se utilice (Idiazabal 1998: 218).

4.2. Uso de lenguas minorizadas en medios de comunicación

Los diferentes medios de comunicación masiva del país utilizan casi exclusivamente el castellano, aunque en los últimos años se ha visto una proliferación del uso del inglés en suplementos semanales,[15] revistas infantiles, y como atractivo medio de comercialización inclusive de productos de uso generalizado como los fósforos que se ofrecen al público con imágenes de objetos de uso diario (i. e., mesa, silla) y el nombre correspondiente escrito en inglés.

El uso de las lenguas indígenas se ha limitado, en el mejor de los casos, a radios rurales y programas de temas agrícolas o religiosos con audiencias restringidas.[16] En cuanto a la televisión, uno de los canales nacionales cierra su programación con el himno nacional en castellano y en quichua; y desde el mes de agosto de 2003 se transmite un noticiero en quichua, aunque en un horario de poca sintonía (5:00 AM). Igualmente aparecen frases quichuas durante épocas de contienda electoral o epidemias agudas. Anteriormente, algunos periódicos nacionales ofrecían algún editorial en quichua o bilingüe (quichua / castellano); hoy en día es más bien frecuente encontrar artículos periodísticos y caricaturas *sobre* líderes quichuas que participan en la política nacional,[17] y las publicaciones sobre la lengua son casi inexistentes y por lo general poco precisas. Un artículo publicado por el editorialista Fabián Ortiz en relación con la existencia y el quehacer de la Academia Kichwa comenta, a partir de la creencia de que el uso de la W /w/ y de la K /k/ es producto de la influencia del inglés, que: «Ese Kichwa que se han inventado últimamente no pasa de ser un enorme ejemplo de cursilería y sometimiento al inglés...» (*El Comercio*, 1 de febrero 2004, p. A4).

Opiniones como ésta, que se basan en el desconocimiento y que se publican a nivel nacional, influyen negativamente en la apreciación de la lengua.

15 Los textos que aparecen en estos suplementos tienen como público objetivo a la población infantil y son por lo general chistes, adivinanzas o versos traducidos del inglés y con contenidos bastante alejados de la realidad ecuatoriana. A modo de ilustración puede verse el suplemento *La Pandilla* del diario *El Comercio* (31 de enero, p. 16) en su sección *chiki bilingüe,* que ofrece un amplio léxico relacionado con la nieve y los deportes que se practican en el invierno. El Ecuador está en la mitad del mundo y hay nieve solo en los picos de las montañas (sobre los 4.500 metros). Si bien se practica el andinismo, es imposible practicar otros deportes de invierno debido a la topografía del terreno.

16 Proyectos importantes en quichua y shuar, son las escuelas radiofónicas bilingües.

17 Al momento de terminar este artículo (16 de febrero de 2004) el representante de la máxima organización indígena del país, CONAIE, sufrió un atentado en la sede la organización. Esta causó graves daños materiales y humanos, así como las consiguientes movilizaciones de la población representada por dicho líder. La discusión sobre el tema, así como las protestas airadas de autoridades y dirigentes quichuas, se han hecho enteramente en castellano.

En cuanto a la producción de material cinematográfico, durante la década de los 90 se produjeron algunas películas en quichua con el apoyo de la CONAIE y la editorial Abya-Yala (2002). Éstas se han presentado en instituciones especialmente educativas de la ciudad de Quito y en comunidades indígenas (Infodesarrollo 2002), sin que se logre todavía hacer programaciones regulares para audiencias más amplias..

En eventos públicos como discursos políticos o actividades académicas, algunos líderes indígenas presentan su saludo inicial en quichua, más bien a manera de frase introductoria, para luego desarrollar la temática en castellano.

Aunque estos esfuerzos han sido importantes en la visibilización del quichua, el hecho es que por un lado, no se han cubierto los espacios multidimensionales necesarios para mantener y reforzar la lengua; y por otro, no se ha logrado motivar ni a los propios hablantes para que revitalicen su lengua, ni a la población mestiza, para que la aprenda o siquiera se interese en ella.

La siguiente sección analiza el uso del quichua en espacios sociocomunicativos más íntimos: la familia (unidad doméstica) y la comunidad.

5. El poder real del quichua como base de la comunicación

El desplazamiento y/o la pérdida de la lengua no son fenómenos nuevos para el Ecuador, como no lo son para las lenguas y los pueblos minorizados del mundo. En efecto, reportes oficiales y estudios sociolingüísticos muestran que hay una disminución constante de la población indígena del Ecuador (Tabla 1).

Tabla 1: Población indígena entre 1831 y 1990

	1781	1831	1888	1950	1990
FUENTE	Paz y Miño 1936	Gobierno 1831	Church 1881	DGEC 1954; Knapp 1991	INEC s/f, 2001
POBLACIÓN INDÍGENA	68,43	70%-80%	60%	24%	0.3%

A pesar de que los datos de la Tabla 1 deben ser vistos con cautela pues todavía son inciertos los parámetros que definen quién es o quién no es un indígena, es evidente que tales cifras son un llamado de atención en cuanto al imaginario relacionado con la conformación de la sociedad ecuatoriana que aparece oficialmente como una sociedad mestiza homogénea. Paz y Miño (1936: 5-6) luego de desarrollar exhaustivos análisis demográficos a principios del siglo pasado, ya subrayó este problema:

> ...conviene esclarecer, en cuanto sea posible, el otro punto de trascendencia enorme en la vida económica y social de la Nación [...] al debatido asunto de la composición étnica de la población [...] mientras no se levante un censo total [...] mientras no sepamos cuantos somos y qué tenemos, no puede haber certeza ni finalidad [...] equidad, ni eficiencia en las relaciones sociales...

Algo similar se da en relación con el quichua y las lenguas indígenas en general. Esto se debe a las varias dificultades para precisar la situación de la población quichuahablante, tales como la ambigüedad de los indicadores utilizados a nivel censal para determinar la población hablante de otras lenguas que no sea la oficial, la falta de prestigio de las lenguas indígenas que lleva a sus hablantes a esconderlas, los movimientos migratorios internos y externos que se han incrementado inusitadamente en las últimas décadas, y la situación de inestabilidad política y económica del país que ha afectado especialmente a las poblaciones minorizadas.[18] Así, y si bien en términos generales podemos decir que la población quichuahablante todavía se concentra en la Sierra y la Amazonía, los datos de los que disponemos son contradictorios, por lo que se vuelve arriesgado afirmar inequívocamente cual es la distribución territorial de los quichuahablantes, sus niveles de bilingüismo y la función comunicativa real del quichua. De todos modos, los datos oficiales y no oficiales de los que disponemos muestran una situación preocupante debido a la forma y rapidez con que parece que se pierden las lenguas indígenas del Ecuador, y el quichua en este caso particular (Tabla 2).[19]

18 En los últimos 10 años el Ecuador ha tenido 20 presidentes. Luego de 15 años de crisis económica que desembocó en una inflación del 200%, se dolarizó la economía en enero del 2001. A pesar de esto en el año 2003 se llegó a una inflación oficial del 6%. En mayo del 2004, se sigue reiterando que el 65% de los ecuatorianos está en el nivel de pobreza.

19 Para un análisis de la vitalidad lingüística en Ecuador y otros países andinos, ver, King (1999, 2000); Haboud (1998); von Gleich (1994).

Tabla 2: Población quichuahablante en relación con la población total ecuatoriana

Fuente	Año	Población Ecuador	Quichuahablantes	
			número	%
-Gobierno Ecuador 1831 -Paz y Miño 1936: 5	1780-81	412.000	30.536 (Prov. Pichincha)	65%
Censo Nacional	1950	3'200.000	444.000 (> 6 años)	14%
Córdova 1987 (316 encuestas)	1981-2	8'060.710 IV censo	900.000	11,2%
Ministerio Educación (MEC)	1986	9'400.000	2'000.000	21,3%
Knapp 1991	1991	9'400.000	1'360.107 (1987)	14.5%
CONAIE	1990	9'648.189	2'000.000	20.6%
Censo	1990	9'648.189	340.000	3.5%
Haboud	1998	9'648.189 (censo 1990)	2'000.000 *	20.6%
PRODEPINE	2002	12'090.804 (censo 2001)	621.517	5.14%

* incluye diferentes niveles de bilingüismo

Retomando el tema del uso de la lengua a nivel familiar, varios estudios sociolingüísticos muestran que hay un alto bilingüismo quichua-castellano en espacios comunicativos tradicionalmente conocidos como monolingües quichua (Floyd 2002; Knapp 1991; Haboud 1998, 2001).

Estudios desarrollados entre 1992 y 1995 sobre el uso del castellano y el quichua en 99 comunidades rurales de 9 provincias de la Sierra (Mapa 1), tradicionalmente consideradas quichuahablantes,[20] muestran que aunque en el contexto comunitario el quichua es vital, el alto porcentaje de uso bilingüe (quichua-castellano) a nivel de la unidad doméstica sugiere la pérdida del quichua en el espacio social considerado como la base de la vitalidad de la lengua: la familia (Tabla 3).

20 Para un análisis detallado, ver Haboud (1998); Büttner (1993). Además puede verse información más reciente sobre este tema en Haboud (2004a, 2004b); Floyd (2002, 2003).

Tabla 3: Comparación del uso del quichua y el castellano en los niveles familiar comunitario en 99 comunidades de la Sierra ecuatoriana (en %)

	Comunidad	Familia
Quechua	64	49
Castellano	24	21
Uso bilingüe	12	30

(basado en Haboud 1998)

El quichua sigue estando estrechamente relacionado con los territorios más nativos y el castellano con los espacios más mestizos y con un proceso de mestizaje, sin embargo las dos lenguas están en continua interacción de tal suerte que cada una se vuelve vulnerable a la presión de la otra. Como afirma King (1999) para el caso de una de las provincias sureñas del país, Loja, la compartimentalización de las lenguas se ha ido perdiendo y el quichua va disminuyendo su ámbito de acción. Esto es más que una simple advertencia sobre la disminución de la función comunicativa del quichua.

Floyd (2002), a partir de la comparación de cuatro comunidades rurales ecuatorianas, Quilapungo en Cotopaxi, Peguche en Imbabura, Oyacachi y Ninacuro en Napo (ver Mapa 1), comenta cómo en las comunidades más cercanas a los centros urbanos, hay un uso considerable del castellano en el ámbito familiar. Garcés y Haboud (2002) al analizar dos comunidades del centro del país (Salasaca y Ambayata, provincia de Tungurahua) (Mapa 1), encontraron un comportamiento bastante disímil. Así, mientras en Salasaca todavía los niños se comunican en quichua entre ellos y con sus mayores, en Ambayata los escolares que asisten a un centro intercultural bilingüe no pudieron sostener una conversación en quichua aunque en el saludo inicial sí usaron una frase en quichua (Q.: *Alli punlla mashi* «Buenos días amigo/a»). A pesar de la dificultad de ofrecer datos numéricos exactos, los estudios intensivos realizados por Haboud (1998) y Floyd (2002), muestran que en el contexto familiar hay una fuerte tendencia hacia el bilingüismo.

Las permanentes contradicciones en cuanto al uso del quichua, parecen ser un fenómeno generalizado en las comunidades menos rurales del país, pues si bien se habla del mantenimiento de la lengua, no se aprovechan las situaciones en las que lo esperado sería el uso del quichua. Durante una celebración religiosa organizada por el alcalde indígena de Otavalo, y con una asistencia mayoritariamente indígena, constaté que se usó únicamente el castellano (Haboud, trabajo de Campo, diciembre de 2003). Otavalo es la ciudad quichua probablemente más conocida dentro y fuera del país por su auge económico, textil y turístico, y en torno a la cual se ha reiterado no solo su carácter intercultural sino también la paulatina apropiación que los indígenas han hecho del comercio y de la ciudad. Sin duda hay una importante presencia de autoridades indígenas, proliferan los letreros y nombres de negocios en quichua y es bien conocido el orgullo de sus habitantes por mantener la lengua originaria y su identidad indígena, esto contrasta con el uso generalizado del castellano.

Además de los casos descritos, es importante señalar que la pérdida del quichua parece darse no solamente en la reducción de espacios comunicativos, sino que trasciende a las estrategias discursivas propias del quichua como son la narración de mitos. Recientes análisis de cambio de código en una comunidad quichua de la provincia de Cotopaxi muestran que narraciones todavía contadas por los mayores esencialmente en quichua (1a), cambian en cuanto al léxico, la estructura y las estrategias discursivas al ser narradas por hablantes jóvenes (1b) (léxico castellano subrayado):[21]

(1a)

jawa	*alto-pi*	*talak talak talak*	*ri-rka*	*llama*	*tigre*	*kancha-man*
arriba	alto-LOC	talak talak talak	ir-3PS	borrego	tigre	fuera-hacia

mitiku-chi-rka	*alli"*	*ni-shpa.*	*Chay-manta*	*llama*	*silba-rka*
huir-CAUS-3PS	bueno	decir-GER	ahí-desde	borrego	silbar-3PS

ni-n	*«japi-y!*	*miku-y!*	*tukuchi-y!*	*japi-y!*	*kati-y!*
decir-3PR	coger-IMP	comer-IMP	destruir-IMP	coger-IMP	seguir-IMP
ni-shpa					
decir-GER					

«Arriba en lo alto talak talak talak hizo el borrego, le hizo huir al tigre, diciendo «bueno». Entonces, *dicen que* el borrego silbó: ¡Cóge(los)! ¡Cóme(los)! ¡Destrúye(los)! ¡Cóge(los)! ¡Sígue(los)!, diciendo».

(1b)

chay-mantachay	*leon-kuna*	*malicia-rka*	*garra-pi*	*tak tak tak*
ahí-desde	ese león-PL	sospechar-PS	garra-LOC	tak tak tak

pampaya-mu-rka,	*ñachu?*	*chay-manta*	*illus-ta*	*mitiku-rka*	*punku-ta*
caer-DIR-PS	verdad	ahí-desde	ellos-OD	huir-3PS	puerta-OD

21 Agradezco a Simeon Floyd por haberme proporcionado estos textos que pueden ser consultados en Floyd (2003: 17). Abreviaturas: CAUS causativo, DIR direccional, GER gerundio, IMP imperativo, LOC locativo, OD Objeto Directo, PL Plural, PR-Presente, PS Pasado, TOP Topicalizador, 3 Tercera persona singular.

paska-shpa	*shita-shpa.*	*chaymanta*	*llama-ka*	*jawa-man*	*llukshi-shpa*
abrir-GER	tirar-GER	ahí-desde	borrego-TOP	arriba-hacia	salir-GER

¡cógele!	*¡cómele!*	*ni-shpa*	*silba-rka*
cógele	cómele	decir-GER	silbar-3PS

«'Entonces los leones sospecharon, en (de) la garra, tak, tak, tak se cayó, ¿verdad?. Entonces ellos huyeron tirando, abriendo la puerta. Entonces el borrego (vino) saliendo desde arriba, silbó diciendo: ¡Cógele! ¡Cómele!»

Una rápida mirada a los ejemplos anteriores muestra que (1b) es una versión recortada de (1a). El narrador más joven suprime los marcadores de evidencialidad (*nin*) y el causativo (*-chi*), convierte las onomatopeyas en expresiones monosilábicas, y utiliza un mayor número de morfemas de contenido en castellano (nombre, verbos), así como el pronombre personal de tercera persona plural con el morfema pluralizador del castellano *illu-s* (ellos). No se trata solamente de préstamos léxicos del castellano o de calcos sintácticos resultantes del dinamismo del contacto de lenguas y que no necesariamente implican pérdida lingüística, sino de la alteración de estrategias discursivas propias del quichua; como dice Floyd:

> El dinamismo del contacto de lenguas da nuevas formas a varios aspectos del arte verbal, pero tanto en cuanto se mantenga la tendencia hacia el desplazamiento de las lenguas, muchos de los géneros usados tradicionalmente se diluirán con las lenguas en las que se los produce (la traducción es mía) (2003: 20).

Anteriormente mencioné el impacto que la migración, entendida como un proceso de desterritorialización, tiene en la pérdida de la lengua. La siguiente sección analiza brevemente la vitalidad lingüística en relación con los patrones migratorios.

6. Desterritorialización: ¿mantenimiento o pérdida lingüística?

Los patrones poblacionales en el Ecuador han cambiado profundamente en los últimos 50 años. Como puede verse en la Tabla 4, mientras para 1950 cerca del 30% de la población se asentaba en zonas urbanas, para el año 2000 casi el 70%, se ubicó en las grandes ciudades (especialmente Quito y Guayaquil). Según Borrero (1995: 65) la migración permanente campo-ciudad en las últimas décadas es mayor entre las mujeres (12.9%) que entre los varones (12.4%), y dado que las mujeres generalmente migran con sus familias se trata de una decisión que afecta a todo un grupo y produce cambios identitarios importantes, entre ellos, la lengua.

Tabla 4: Población urbana del Ecuador entre 1930 y 2000 (en %)

1930	1940	1950	1960	1970	1980	1990	2000
22	25	28.5	34	39.5	47.1	55.4	64

Fuente: INEC 2001

A partir de un análisis de historias de vida de mujeres quichuas migrantes en Quito que trabajan en la venta ambulante,[22] en instituciones educativas, o que participan en el ámbito político, fue posible notar que mientras entre las primeras las estrategias de redefinición y reacomodación se basan en la reterritorialización de sus propias tradiciones y valores, y en el uso del quichua con otros miembros adultos, en reuniones informales y en la iglesia; entre las mujeres relacionadas con instituciones académicas se da una airada defensa, desde un punto de vista más filosófico, del refuerzo de la identidad con el mantenimiento del patrimonio histórico, lingüístico y cultural. En cuanto a aquellas mujeres que participan en la política, el quichua se ha convertido en un fuerte símbolo de empoderamiento y de visibilización en un mundo en que la mujer indígena es doblemente marginada (Haboud 2003b). En los últimos años la presencia de las mujeres indígenas como defensoras de los derechos humanos ha sido sobresaliente (Sullivan 2000), pues han hecho del quichua un instrumento de concientización y poder. Así lo testimonia Pacari:

> En nuestras comunidades no sabíamos que éramos quichuas, nos decían que hablamos «yangashimi», yanga es la nada, es decir la lengua que no vale nada. Les he dicho siempre que no es yanga lo que hablamos, que es quichua, la lengua de la gente [...] Estamos volviendo de entre los muertos... Al principio, cuando hablaba en público, la gente me decía: *callá hijita, callá, esperá hijita, esperá* como si estuviéramos en las haciendas. No esperé, tampoco me callé. Al fin han aprendido a respetarme (Bulnes 1990: 58-59).

A partir de estos movimientos, se han desplegado esfuerzos por mantener la vitalidad del quichua en las ciudades con la creación de escuelas comunitarias y de servicios religiosos y cursos de catequesis que se imparten en quichua. Un caso es la escuela *Chaquiñán* (Q.: pie-camino, «camino angosto») que al momento

22 Según Reed (1999), el 56.4% de las mujeres que migraron a la ciudad en 1997, estaban dedicadas a la venta ambulante.

atiende a 40 estudiantes de diferentes edades que en su mayoría trabajan en los mercados de la ciudad y asisten a clases durante los fines de semana. En esta escuela se trata de cumplir con los programas ministeriales que incluyen la enseñanza de computación y un segundo idioma (i. e., inglés), se enseña especialmente en castellano (Rodrigo Uksha, comunicación personal, enero 2004).

Dentro del sistema intercultural bilingüe, está también la Escuela *Yachak Huasi* (Q.: saber casa, «escuela») con alrededor de 50 niños y en la que se trata de reivindicar la identidad quichua a partir del conocimiento de su historia, tradiciones, relación con la naturaleza. El quichua se enseña como tercera lengua después del castellano y el inglés, pues la mayoría de los niños, aunque son hijos de migrantes quichuahablantes, tiene el castellano como primera lengua. Según la directora y algunas madres de familia, los estudiantes cuya lengua dominante es el quichua tienen muchos problemas de integración por lo que hay que ayudarles a aprender el castellano rápidamente.

Si bien la migración de las poblaciones indígenas a la ciudad es nociva para el mantenimiento de la lengua e identidad originarias, debemos subrayar que en los últimos 20 años ha habido en el Ecuador una especie de invasión urbana a las zonas rurales debido al ingreso masivo de instituciones gubernamentales y no gubernamentales, empresas transnacionales, industrias masivas, medios de comunicación, etc. que han acelerado el proceso de castellanización. En visitas a comunidades del norte del país (Zuleta y Guachalá, julio y diciembre 2003) tradicionalmente conocidas por el uso de la lengua quichua, y en donde se han desarrollado industrias florícolas a gran escala y centros turísticos sofisticados, se notó el uso generalizado del castellano entre los niños de las comunidades, maestros, negocios de la localidad y estaciones de radio locales.

Dada la situación de contacto que ha guiado este análisis, me parece importante mencionar que a pesar de la presencia indígena en las ciudades y la aparente presencia del quichua en el ámbito público, el castellano andino ecuatoriano va perdiendo paulatinamente varios de los rasgos quichuas que lo han caracterizado.[23] Estudios recientes (Fierro 2002; FCLL 2002) muestran que jóvenes de clase media y media alta de la ciudad de Quito, desconocen o rechazan toda característica del castellano que sea percibida como de origen quichua, aunque sus padres todavía las utilizan. Así, estudiantes universitarios al ser entrevistados sobre una lista de palabras que hace 15 años había sido reconocida en un ambiente similar, dijeron desconocer más del 30% de las palabras, y de las palabras que les eran familiares, afirmaron no usarlas. Así por ejemplo, se van des-

23 Para una descripción de esta variedad del castellano ver, por ejemplo, Estrella (2001); Haboud (1998); Niño-Murcia (1988); Kany (1969 [1963]); Toscano (1953), entre otros.

plazando términos quichuas tan conocidos como /wawa/ (Q.: «niño») por el inglés 'baby'. Igualmente, la pronunciación de rr asibilada /r̄/ tiende a ser substituida por una cercana a la retrofleja del inglés que la población asocia con prestigio y clase.[24]

7. A modo de reflexión

En este breve análisis he tratado de confrontar los roles divergentes del quichua ecuatoriano como medio de comunicación por un lado y como símbolo público de poder, por otro. Se ha visto que en los últimos años, el quichua ha ido vulnerabilizando los espacios oficiales más hispanos para aparecer como una lengua vital y convertirse en un estandarte de lucha a favor del pueblo quichua y de las poblaciones minorizadas del Ecuador en general. De alguna manera el quichua, identificado con lo indígena y lo rural, ha logrado reterritorializarse simbólicamente invadiendo la ciudad, lo urbano, lo dominante. En esta idealización de la lengua quichua, las organizaciones y los líderes indígenas han jugado un rol decisivo y es claro que como un símbolo exterior de indianidad, el quichua refuerza y es reforzado por las organizaciones indígenas en su proceso de obtención de reconocimiento nacional e internacional. Al mismo tiempo, la presencia de esta especie de *antilengua* que rompe patrones tradicionales, ha exacerbado los sentimientos racistas y discriminatorios latentes en la sociedad ecuatoriana (Haboud 2003a; De la Torre Espinoza 1996).

En relación con la vitalidad de la lengua en su función comunicativa cotidiana, hemos visto también como el quichua va vulnerabilizándose y resquebrajándose en los espacios comunicativos que tradicionalmente han sido los más apropiados para generar y regenerar la lengua; y aunque las instancias y espacios comunitarios son todavía los más idóneos para el mantenimiento y el refuerzo de la lengua, también a ese nivel aparece el castellano como potencial peligro. Más graves aún, son las situaciones de desplazamiento y/o pérdida generadas por la migración, ya sea de la población rural a los centros urbanos, o de las instancias representativas de lo urbano a las áreas rurales.

Lo descrito nos hace repensar sobre las diarias contradicciones que enfrenta el quichua. Por una parte, en su rol emblemático, la lengua accede al espacio oficial y público, recibe reconocimiento nacional e internacional, se convierte en un importante símbolo identitario y del imaginario colectivo de modo que los

24 Para un análisis de la influencia del inglés en la publicidad y su alto prestigio en la población ecuatoriana, ver Alm (2002); FCLL (2002); King y Haboud (2002).

medios de comunicación masiva, especialmente la prensa escrita, hablan del quichua (no *en* quichua) con cierta frecuencia, la televisión nacional ecuatoriana al fin ha aceptado programar noticieros en dicha lengua y las escuelas indígenas dicen estar en franco proceso de recuperación. Por otra parte, y como ya se ha visto, los hablantes de la lengua disminuyen y lo hacen aceleradamente de generación en generación. El hecho es que mientras la producción del quichua no se dé en la cotidianidad de múltiples espacios, al igual que las demás lenguas minorizadas el quichua no podrá enfrentar el avasallamiento de los procesos de modernización y globalización a los que estamos expuestos diariamente, y sucumbirá al ideal de crear una identidad nacional homogénea.

En el proceso de recuperación de la lengua quichua propuesto por intelectuales indígenas y no indígenas, se aspira a modernizarla, oficializarla, purificarla y estandarizarla. Si bien estos pasos son importantes, sobre todo para alcanzar prestigio lingüístico, éstos tampoco garantizan ni la vitalidad intrafamiliar ni la comunitaria. Los símbolos, por más poderosos que parezcan, no son en sí mismo capaces de revitalizar a una lengua; al contrario, podrían ser potenciales vulnerabilizadores pues crean erróneamente una imagen de vitalidad inexistente y generan nuevos antagonismos con la sociedad dominante. En este sentido se hace imperativo destruir los imaginarios adquiridos históricamente en los que las lenguas y los pueblos indígenas siguen siendo de segunda o tercera clase, símbolos de folclore y piezas museológicas para reconstruirlos como entidades reales, dinámicas y cambiantes.

En relación con las identidades, si bien sabemos que se redefinen permanentemente, cabe preguntarse: ¿cómo lograrán reacomodarse las lenguas minorizadas y sus hablantes a los cambios acelerados de este siglo? y ¿cómo se determinarán sus nuevos roles? Esto es algo que necesitaremos analizar muy de cerca y evaluar permanentemente de cara a la sociedad dominante.

Finalmente, y tomando en cuenta el permanente flujo migratorio, se nos hace obligatorio reflexionar, aun a modo hipotético, en que si cada 10 años se pierde el 10% de la población rural, en 30 o 35 años seríamos testigos de la masificación urbana, de la intensificación del mestizaje y de la abrumadora castellanización: ¿sobrevivirán las lenguas minorizadas al siglo XXI?

Mapa 1: Provincias investigadas

Bibliografía

ABYA-YALA (2002): www.abyayala.org/busqueda.php?FAC_CODIGO Consulta: 6 de febrero 2003.

ACOSTA, Alberto et al. (2001): *Nada solo para los indios. El levantamiento indígena del 2001: Análisis, Crónicas y Documentos. Quito*: Abya-Yala.

ALM, Cecilia (2002): «The use of English in the media in Ecuador». Conferencia presentada en *Encuentros Lingüísticos*. Pontificia Universidad Católica del Ecuador. Quito. 8 de Mayo de 2002 (sin publicar).

BARBERO, Jesús Martín (2002): *Dinámicas Urbanas de la Cultura.* www.naya.org.ar/articulos/jmb.htm Consulta: 10 de febrero de 2003.

BEIJSTERVELDT, Mirjam van (2004): Entrevistas a profesores indígenas de Chimborazo y Loja. Quito (documento de trabajo).

BORRERO, Ana Luz y Silvia VEGA U. (eds.) (1995): *Mujer y migración. Alcance de un fenómeno nacional y regional.* Quito: Abya-Yala.

BOURDIEU, Pierre (2000): *Language and Symbolic Power.* Harvard: Harvard University Press.

BULNES, Martha (1990): *Me levanto y digo. Testimonio de tres mujeres quichuas.* Quito: El Conejo.

BÜTTNER, Thomas (1993): *Quichua y Castellano en los Andes Ecuatorianos.* Quito: Abya-Yala.

Confederación de Nacionalidades Indígenas del Ecuador (CONAIE) (1990): *Ñucanchic Shimi 1*. Quito: MEC/DINEIIB/CONAIE.

Córdova, Wilson (1987): *Educación Bilingüe Intercultural en el Ecuador. Informe de una Investigación Sociolingüística en el Area Quichua (1981-1982)*. Quito: EBI.

Cotacachi, M. Mercedes (1989): «La educación bilingüe en el Ecuador: del control del estado al de las organizaciones indígenas», en E. López y R. Moya (eds.): *Pueblos indios, estados, y educación*. Lima: Programa de Educación Bilingüe de Puno, el Proyecto de Educación Bilingüe Intercultural del Ecuador, y el Programa de Educación Rural Andina, pp. 253-266.

Church, G. E. (1881): «Reporte sobre el Ecuador. Documento del Senado No.69. 49th Congreso, 2nd Sesión», en Mills, N. D. y Ortiz, G. (1980): «Economía y Sociedad en el Ecuador poscolonial, 1759-1859», en *Revista Cultura*. Quito: Centro de Investigaciones y Cultura del Banco Central, pp. 71-170.

De la Torre Espinoza, Carlos (1996): «Racismo y vida cotidiana», en *Ecuador Debate 38*. Quito: CAAP, pp. 72-87.

Diario de la Tarde (2003): «Indios, go home... la CONAIE quiere irse, Gutierrez responde, si quieren irse, que se vayan no más», Quito, (marzo, p.1).

Dirección General de Estadística y Censo (DGEC) (1954): *Primer censo de población del Ecuador. 1950. Población por Idiomas y Dialectos*. Quito: Ministerio de Economía.

Dirección Nacional de Educación Intercultural Bilingüe (DINEIB) (1994): «Modelo de educación intercultural bilingüe», en *Pueblos Indígenas y Educación*, Quito: Abya-Yala.

El Comercio (2003): «Academia de la lengua purificará el kichwañol», Quito, (7 de diciembre, p. B4).

El Comercio (2004): «La lengua quichua», Quito, (8 de enero, p. A4).

El Comercio (2004): «Chiki bilingüe», Quito, (31 de enero, p. 16).

Eriksen, Thomas H. (1993): «Culture in the Global Village». Conferencia presentada en «Kulturen i den globala byn, Ægis» Lund, Suecia, enero 14-16.

Estrella, Ana (2001): *El uso del verbo en el habla de Quito*. Quito: Abya-Yala.

Facultad de Comunicación, Lingüística y Literatura (FCLL) (2002): «Percepción y uso de la /r/ en Quito urbano». Universidad Católica del Ecuador, Quito (sin publicar).

Fierro, Gustavo (2002): «Aportes del Quichua al Castellano de la Sierra Ecuatoriana». Conferencia presentada en las Jornadas de identidad del Municipio de Quito (sin publicar).

Fishman, Joshua (ed.) (1971-2): *Advances in the Sociology of Language*, 2 vols. The Hague: Mouton.

Floyd, Simeon (2002): «Final Report: Quichua and Spanish Usage in Bilingual Indigenous Communities». Conferencia presentada en Fullbright Comission. Quito (sin publicar).

— (2003): «Quoting, codeswitching and *cuentos* Quichua convergences». University of Austin, Texas (sin publicar).

FUNDACIÓN KONRAD ADENAUER (2002): *Ecuador Mama Llakta Kamachiy*. Quito: Editorial Nacional.

GARCÉS, Fernando (1999): *Cuatro textos coloniales del quichua de la provincia de Quito. Estudio introductorio*. Quito: GTZ-EBI.

— (2002): *La escritura quechua como inscripción del discurso oral. Aportes a la política escrituraria del quechua boliviano desde la práctica del Periódico CONOSUR Ñawpaqman*. (Trabajo de investigación para optar por el título de Magister en Ciencias Sociales con mención en Lingüística Andina-Amazónica y Educación Intercultural Bilingüe). Quito (sin publicar).

— y Marleen HABOUD (2002): *«Informe sobre el trabajo de campo de estudiantes del PROEIB-Andes»*. Quito (mimeo).

GARCÍA Enrique, Alvaro (ed.) (2000): *Plan Nacional de Derechos Humanos del Ecuador en cinco idiomas*. Quito: Ministerio de Relaciones Exteriores.

GEERTZ, Clifford ([1964] 1973): «Ideology as a Cultural System», en *The Interpretations of Cultures*. New York: Basic Books, pp. 193-233.

GLEICH, Utta von (1994): «Language spread policy: The case of Quechua in the Andean republics of Bolivia, Ecuador, and Peru», en *International Journal of the Sociology of Language* 107, pp. 77-103.

GLOBALIZACIÓN Y FRONTERAS (s/f): www.crim.unam.mx/Cultura/ponencias/1CultDesa/CDIDE13.htm

GOBIERNO DEL ECUADOR (1831): «Exposición del Ministerio-Secretario de Estado presentada al Congreso Primero Constitucional del Ecuador en 1831 sobre los ramos de su administración», en N. D. Mills and G. Ortiz (1980): «Economía y Sociedad en el Ecuador poscolonial, 1759-1859» en *Revista Cultura*. Quito: Centro de Investigaciones y Cultura del Banco Central. Quito: Imprenta del Gobierno, pp. 71-170.

GREEN STOCEL, Abadio (1995): «Queremos Retomar la Palabra», en *Políticas lingüísticas en Colombia. Breve esbozo de una problemática*. Belém, [s.p.].

HABOUD, Marleen (1998): *Quichua y castellano en los Andes ecuatorianos*. Quito: Abya Yala.

— (2001): *Lenguas extranjeras para los minorizados ecuatorianos. Opúsculo* 20. Quito: Pontificia Universidad Católica del Ecuador, XEROX.

— (2003a): *¿Interculturalidad o sordera visual? Opúsculo* 22. Quito: Pontificia Universidad Católica del Ecuador, XEROX (2da edición).

— (2003b): «Mujeres andinas: migración, tradición, identidad...». Conferencia presentada en el Congreso de Americanistas. Chile, en julio (sin publicar).

— (2004a): «Quichua language vitality: An Ecuadorian perspective», en *International Journal of the Sociology of Language*, (Número especial: *Quechua Sociolinguistics* editado por Kendall King y Nancy Hornberger) 167, 69-81.

— (2004b): «Políticas lingüísticas en Ecuador. Entre éxitos, fracasos y esperanzas», en *Lenguas vivas en América Latina. Actas de las IV Jornadas Internacionales sobre Indigenismo Americano* (Universidad Autónoma de Madrid). II Fòrum AMER&Cat de les Llengües Ameríndies (Institut Català de Cooperació Iberoamericana), pp. 155-172.

HERRERA, Lucía (1999): «La representación de la ciudad en relatos de migrantes indígenas». Conferencia presentada en las *Jornadas Andinas de Literatura Latinoamericana.* Cusco (sin publicar).

INEC (2001): VI Censo de Población. www.inec.gov.ec. Consulta: 3 de febrero de 2003.

INFODESARROLLO (2002): *Boletín de prensa sobre el IV festival de cine y video.* listas.ecuanex.net.ec/listas/listasinfo/infodesarrollo. Consulta: 2 de agosto de 2002.

INSTITUTO NACIONAL DE ESTADÍSTICAS Y CENSOS (INEC) (s/f): *Resumen Ejecutivo del censo de 1990*. Quito: INEC.

KANY, Charles ([1963] 1969): *Sintaxis Hispanoamericana* (tr. Martin Blanco Alvarez). Madrid: Gredos.

KING, Kendall (1999): «Inspecting the unexpected: Language corpus and status shifts as aspects of language revitalization», en *Language Planning and Language Problems* 23 (2), pp. 109-132.

— (2000). *Language Revitalization Processes and Prospects: Quichua in the Ecuadorian Andes*. Clevedon, UK: Multilingual Matters.

— y Marleen HABOUD (2002): «Language Planning and Policy in Ecuador», en *Current Issues in Language Planning* (CILP) 3(4), pp. 359-424.

KNAPP, Gregory (1991): *Geografía quichua de la sierra del Ecuador.* Quito: Abya-Yala.

KRAINER, Anita (1999): *El rol de la educación intercultural bilingüe y el mantenimiento de las lenguas indígenas en Ecuador.* Tesis Doctoral. Universidad de Viena (sin publicar).

KROSKRITY, Paul (2000): «Language Ideological Perspectives», en Paul Kroskrity (ed.): *Regimes of Language. Ideologies, Polities, and Identities.* New Mexico: School of American Research Press, pp.1-34.

LEÓN, María Gloria (2002): *La educación como derecho cultural y colectivo: Estudio del Proyecto PRODEPINE del Banco Mundial.* Quito: Pontificia Universidad Católica del Ecuador (sin publicar).

MANNHEIM, Karl ([1963] 1985): *Ideology and Utopia: an Introduction to the Sociology of Knowledge.* San Diego: Harcourt Brace Jovanovich.

MINISTERIO DE EDUCACIÓN Y CULTURA (MEC) (1992): *Ley No.150 de 15 de abril de 1992*. Quito: Ministerio de Educación y Cultura.

MINISTERIO DE EDUCACIÓN Y CULTURA DEL ECUADOR (MEC). Dirección Nacional de Educación Intercultural Bilingüe (DINEIB) (2002): *Plan Estratégico Institucional 2003-2008.* Quito (documento interno).

NIÑO-MURCIA, Mercedes (1988): *Construcciones verbales del español andino: interacción quechua-española en la frontera colombo-ecuatoriana.* Tesis doctoral. University of Michigan.

ORTIZ, Fabián (2004): «Idioma Quechua». *El Comercio.* Febrero 1 del 2004 (p. A4)

PACARI, Nina y LEGISLADORES (2000): *Proyecto de Ley para el uso de los idiomas ancestrales del Ecuador*. Quito (sin publicar).

— (2001): *Propuesta al proyecto de Ley orgánica general de educación.* Quito (sin publicar).

Paz y Miño, Luis T. (1936): «La población del Ecuador», en Revista *Ecuador*. Año I, No.3. Capítulo I. Quito (con el auspicio del Ministerio de Gobierno).

Reed, Carolina et al. (1999^2): *Género y Estadísticas. Indicadores sociales para el análisis de las desigualdades de género: Educación y empleo en el Ecuador*. Quito: Graphus.

Sichra, Inge (2003): *Trascendiendo o fortaleciendo el valor emblemático del quechua: identidad de la lengua en la ciudad de Cochabamba*. Simposio ALL-12, ICA 51. Santiago, julio 2003 (sin publicar).

Sistema Integrado de Indicadores Sociales del Ecuador (SIISE) (2002a): *Definiciones del SIISE* (1997-2002). 200.24.215.221/siise/ayudas/glos910u.htm. Consulta: 7 de agosto de 2003.

— (2002b): Homepage. 200.24.215.221/siise/ayudas/fuen0cz2.htm. Consulta: 30 de marzo 2002.

Toscano, M. Humberto (1953): *El español en el Ecuador*. Madrid.

Sullivan, Anabay (2000): *The Ecuadorian Woman*. Quito: USFQ (sin publicar).

Ullmann, Stephen (1970): Semántica. *Introducción a la ciencia del significado*. (tr. Juan Martín Ruis-Werner). Madrid: Ediciones Aguilar.

Woolard, Kathryn (1998): «Introduction. Language Ideology as a Field of inquiry», en Bambi Schieffelin, K. Woolard y P. Kroskrity (eds.): *Language Ideologies. Practice and Theory.* Oxford: Oxford University Press, pp. 3-47.

Acrónimos

DGEC	*Dirección General de Estadística y Censo*
DINEIIB	Dirección Nacional de Educación Indígena Intercultural Bilingüe
DINEIB	Dirección Nacional de Educación Intercultural Bilingue
FCLL	Facultad de Comunicaación, Lingüística y Literatura
ILV	Instituto Lingüístico de Verano
MEC	Ministerio de Educación y Cultura
SIISE	Sistema Integrado de Indicadores Sociales del Ecuador
INEC	Instituto Nacional de Estadística y Censos
PRODEPINE	Programa de Desarrollo de los Pueblos Indígenas y Negros del Ecuador

LA MEDIA LENGUA DE IMBABURA

JORGE GÓMEZ RENDÓN
Universidad de Amsterdam

1. Introducción[1]

La media lengua es una lengua mixta[2] hablada en varias zonas de los Andes ecuatorianos como resultado del contacto prolongado de los hablantes del quichua con el castellano, el idioma oficial y la lengua con mayor número de hablantes en el país. El rasgo más importante de la media lengua es la convivencia de un léxico predominantemente castellano con una gramática quichua. El presente artículo trata de una variedad de media lengua hablada en tres comunidades de la Provincia de Imbabura en la Sierra norte de Ecuador.[3]

El artículo comprende tres secciones que buscan responder a tres preguntas: ¿cuál es el estatus lingüístico de la media lengua dentro de la situación sociolingüística del Ecuador (sección 2)?; ¿cuáles son los factores históricos y sociales que determinaron el origen y el desarrollo de la media lengua de Imbabura (sección 3)?; ¿cuáles son los aspectos lingüísticos que caracterizan la media lengua que se habla en Imbabura (sección 4)? Para responder a estas preguntas he realizado, según el caso, distintos acercamientos al fenómeno lingüístico y sociolingüístico de la media lengua: así, para una mejor comprensión del esta-

1 Agradezco a Pieter Muysken, Hella Olbertz y Kees Hengeveld por la atenta lectura y los valiosos comentarios a este trabajo. El contenido vertido aquí, sin embargo, sigue siendo de mi absoluta responsabilidad.

2 Entiendo aquí por lengua mixta aquella cuyos componentes o subsistemas provienen de lenguas distintas, de modo que el resultado no es igual a una sola de las lenguas que contribuyen a su génesis.

3 Conviene señalar aquí que el término 'media lengua' es poco utilizado por sus hablantes, quienes se refieren a ella más bien con el apelativo de 'chapu shimi' [lengua mezclada] o 'utilla shimi' [lengua pequeña]. De hecho el término 'media lengua' es utilizado más por los mestizos hispanohablantes, junto con otros sinónimos como 'chaupi lengua' o 'quichuañol'. El término cobró relevancia en los círculos académicos a raíz de los primeros trabajos de Muysken publicados hacia finales de los años setenta.

tus lingüístico de la media lengua, he creído conveniente esbozar una breve reseña histórica del contacto lingüístico en esta parte de los Andes; para indagar sobre el origen y desarrollo del caso específico que nos ocupa, he entretejido la historia reciente de las comunidades con la situación socioeconómica y educativa predominante en la zona; finalmente, para lograr una descripción que no redunde en temas ya tratados por otro autor (Muysken 1979, 1981, 1985, 1997) y que ilumine aspectos abordados insuficientemente en otros estudios, a modo de complemento de éstos, presentaré datos relevantes para la variedad de que se trata en lo concerniente a la fonología, la morfología y la sintaxis. Siempre que sea pertinente procuraré establecer comparaciones con la media lengua de Salcedo (MLS)[4] a fin de identificar posibles tendencias y generalidades.

2. Elementos para una descripción sociolingüística de la Sierra ecuatoriana

En Ecuador se hablan actualmente 10 lenguas indígenas que la Constitución Política reconoce de uso oficial para los pueblos indios en el marco de un estado pluriétnico y multinacional. Por su distribución y número de hablantes,[5] el quichua[6] es la lengua más importante y la que históricamente ha tenido mayor contacto con el castellano.

La situación privilegiada del castellano no ha hecho que el quichua pierda vitalidad lingüística, con todo lo vulnerable que pueda ser en un contexto diglósico.[7]

4 Las abreviaturas utilizadas en este trabajo son las siguientes: MLS = media lengua de Salcedo; MLI = media lengua de Imbabura (San Pablo); CAE = Castellano Andino Ecuatoriano; EBI = Educación Bilingüe Intercultural; POS = Posesión; Pl = Plural; GER = Gerundio; PRET = Pretérito; 1S = 1ª Persona de Singular; ACUS = Acusativo; OI = Objeto Indirecto; DUR = Durativo; ABL = Ablativo; S = Sujeto; V = Verbo; O = Objeto.

5 El quichua es hablado en 10 provincias de la Sierra y la Amazonía del Ecuador. Aunque no están disponibles los datos del último censo (2001), la población indígena quichuahablante representa aproximadamente el 20% de una población nacional de 12.166.608 habitantes. La dificultad de precisar una cifra reside no sólo en la falta de datos sino en la metodología utilizada en su levantamiento, que deja un amplio margen para la interpretación de los datos sobre el conocimiento y el uso de una lengua.

6 En adelante utilizaré el glotónimo «quichua» para referirme al conjunto de dialectos ecuatorianos, y su afín «quechua», para referirme a todos los demás dialectos que se hablan en los Andes.

7 El estudio más reciente y exhaustivo que conozco hasta el momento es Haboud (1998). Respecto al bilingüismo diglósico, la vitalidad de la lengua quichua en Ecuador y el uso estratégico del quichua por parte del movimiento indígena, véase el mismo estudio (Haboud 1998: 89-129).

El fortalecimiento de los pueblos indígenas en el escenario sociopolítico de las últimas dos décadas ha sido uno de los principales factores que han mantenido la vitalidad del quichua en el Ecuador. Sin embargo, es paradójico que la misma vitalidad tenga sus raíces históricas en el aislamiento que sufrió durante siglos la población indígena a través de (1) su exclusión del sistema escolar (hispanohablante) y (2) la feudalización del espacio geopolítico serrano a través del sistema de hacienda, cuya consolidación supuso el arrinconamiento de las poblaciones indígenas en reductos geográficos alejados de los centros urbanos y cuya estructura de relaciones sociales promovió la reproducción demográfica y cultural de las comunidades fuera de la cultura hispanohablante.[8] Este aislamiento, sin embargo, no contradijo el hecho cotidiano de la presencia, en las ciudades,[9] de numerosos indígenas que migraban temporal o permanentemente como mano de obra para tareas domésticas, construcción de obras civiles y otros sectores económicos nacidos con la urbanización.

Esta mezcla de factores produjo una realidad bifronte: la conservación de la cultura indígena y la innovación (desplazamiento) por el contacto con la cultura hispanohablante. Se crearon así nichos donde se reproducía la lengua quichua junto a zonas de contacto donde ésta convivía con el castellano. Esta convivencia enmascaró siempre una violencia simbólica (Bourdieu 2000: 12)[10] de carácter lingüístico, por la cual las clases dominantes (hispanohablantes) imponían su código de comunicación a las clases dominadas (quichuahablantes) y determinaban su desplazamiento lingüístico hacia el castellano.

Si bien una situación diglósica supone el desplazamiento lingüístico de la variedad de menor a la de mayor prestigio, no queda excluida en ningún caso la ocurrencia de influencias recíprocas entre ambas variedades, más aun cuando el contacto impone desafíos comunicativos a los hablantes. En la Sierra ecuatoriana, las respuestas de las comunidades lingüísticas a estos desafíos crearon un *continuo* (Muysken 1985: 392) cuyos extremos son los dialectos del quichua y el castellano andino ecuatoriano (CAE), entre los cuales existen variedades moldeadas por diferentes formas y grados de contacto.

8 Sobre el papel que jugó la hacienda no sólo en la reproducción física de las poblaciones nativas sino también en la conservación de sus patrones culturales, véase, entre otros, Guerrero (1991).

9 Sobre la numerosa población indígena y el sistema de clases sociales y servidumbre en Quito hacia mediados del siglo XIX, véase Hassaurek (1993: 151-166).

10 Para Bourdieu, «violencia simbólica» es aquella violencia ejercida de forma invisible para sus víctimas en nombre de un concepto simbólico que es reconocido tanto por el dominador como por el dominado. Su forma lingüística sería aquella en que el dominador impone un código al dominado, con el consentimiento tácito de éste, en virtud del supuesto de que dicho código es connatural a la praxis social y a las relaciones de los individuos en la sociedad.

Este continuo se traduce en coordenadas topográficas, de manera que para cada punto es posible identificar de manera aproximada un espacio donde se habla una o más variedades. Los límites de esta topografía de contacto están determinados por los enclaves quichuas tradicionales (comunidades indígenas) y los centros político-administrativos (ciudades). Sin embargo, como observa Haboud (1998: 44-46, 55), una adecuada descripción sociolingüística requiere no sólo la identificación de coordenadas geográficas sino también la de territorios o espacios sociales donde entran otras variables como la interacción social y la identidad social.

En la interacción social juega un papel preponderante la dirección del desplazamiento lingüístico, porque explica los usos lingüísticos y las relaciones de fuerza en los espacios comunicativos. Así, la tendencia de una variedad del continuo hacia uno de los extremos determina un espacio de comunicación específico, asociado con percepciones y actitudes de sus hablantes hacia su propia lengua y la lengua objetivo. Desde esta perspectiva, la media lengua es una variedad utilizada por individuos bilingües (étnicos o mestizos)[11] para comunicarse con miembros, también bilingües, de su familia o su comunidad, sólo dentro de estos espacios; sus percepciones y actitudes lingüísticas están motivadas por fuertes lazos sociales con su grupo de filiación y la necesidad de participar en la cultura hispanohablante como estrategia para sobrevivir.

Por su parte, la formación de la identidad social[12] sigue procesos de aculturación y etnogénesis que moldean el idiolecto del hablante según el grado en que se identifica con su grupo de pertenencia y la manera en que redefine su identidad étnica. Confirman este punto de vista, al menos en parte, los resultados

11 Sobre la definición de bilingüismo étnico y bilingüismo mestizo, véase Sánchez-Parga (1992).

12 No entiendo aquí por identidad una esencia primordial sino una posición estratégica del hablante en un evento comunicativo. Para una explicación del concepto de «esencialismo estratégico», véase Gayatri Spivak (1996: 214). De igual manera, no asumo la existencia de una «indianidad» esencial asociada con el uso del quichua como tampoco una «hispanidad» que implica necesariamente el uso del castellano. Parto del supuesto de que el hablante se mueve dentro de un determinado campo de variedades lingüísticas de acuerdo con las posiciones que ocupa en el tejido social y según las cuales define *su* identidad; este hablante utiliza conscientemente cada variedad según el contexto a fin de marcar una posición con respecto a su grupo de pertenencia (familia, comunidad, gremio, organización, movimiento). La condición obvia de esta estrategia comunicativa es que el hablante conozca las normas que regulan el *uso* en las variedades que comprenden su campo de competencia lingüística. Por lo tanto, para un hablante de la media lengua, el campo de competencia oscila entre un castellano con relativa interferencia del vernáculo —dependiendo del nivel de bilingüismo— y el quichua hablado en su comunidad.

obtenidos en un sondeo sociolingüístico para averiguar la vitalidad del quichua en 9 provincias de la Sierra ecuatoriana. Esta investigación encontró que, si bien los hablantes del quichua consideran su lengua como un marcador étnico importante, no relacionan la pérdida de la lengua directamente con la pérdida de la identidad sociocultural (Büttner 1993: 287; Haboud 1998: 135).

3. El origen y el desarrollo de la media lengua de Imbabura

La media lengua ocupa una posición determinada dentro del continuo lingüístico de la Sierra ecuatoriana y se manifiesta en un conjunto de variedades,[13] detrás de las cuales se pueden identificar factores sociolingüísticos y socioculturales específicos. Ofrecemos a continuación la historia de la génesis y la difusión de la variedad de media lengua hablada en la Provincia de Imbabura.

3.1. El contexto social e histórico de las comunidades estudiadas

Angla, Casco Valenzuela y El Topo son tres comunidades de la provincia de Imbabura. Su población alcanza los 2.500 habitantes, distribuidos en 450 unidades domésticas.[14] Las comunidades mantienen un contacto permanente con la sociedad mestiza hispanohablante gracias a la cercanía de los principales centros urbanos regionales (San Pablo, Otavalo, Cayambe y Quito) pero sobre todo a las oportunidades de trabajo que ofrecen.

Aparte de la explotación forestal, la agricultura de subsistencia es la principal actividad económica de las tres comunidades. La reducida base agrícola a disposición de las unidades familiares ha obligado a muchos de sus miembros a emigrar temporalmente a las ciudades para trabajar en el servicio doméstico, la construcción y varias actividades manuales no calificadas. Aunque la migración laboral ha sido común en la zona desde mediados del siglo XX, el número de

13 Hasta el momento se han reportado variedades de media lengua tanto en la Sierra centro-norte (Imbabura, Cotopaxi, Tungurahua), como en la Sierra sur (Cañar, Loja), aunque es muy probable que existan un buen número de casos no reportados. Al respecto véase, Muysken (1985) y Büttner (1993).

14 Existen diferencias demográficas entre Angla, El Topo y Casco Valenzuela. Angla es la más poblada de las tres, seguida de Casco Valenzuela y El Topo. Las diferencias en la densidad demográfica se traducen en distintos grados de presión sobre los recursos agrícolas. La escasez de la tierra, sobre todo en Casco Valenzuela y Angla, ha sido un factor decisivo en la migración a las ciudades.

personas que migran a la ciudad en busca de trabajo ha aumentado sustancialmente en los últimos años.[15]

A pesar de las estrechas relaciones económicas y sociales que las tres comunidades mantienen en la actualidad, su historia no es la misma y las particularidades de su desarrollo han influido en su situación lingüística actual.

Angla se formó de la fusión de las parcialidades de Anglango y Vagabundo. La primera perteneció a la hacienda de Angla hasta mediados del siglo XX y siempre tuvo acceso a la tierra a través de las tierras comunales y las parcelas familiares donadas por el hacendado (*huasipungos*). La segunda parcialidad no estuvo vinculada directamente a la hacienda aunque mantuvo con ella relaciones de servidumbre a cambio del acceso a los recursos hídricos y forestales. Para suplir la carencia de tierras cultivables, los habitantes de Angla se dedicaron a la crianza y la venta de ganado a los comerciantes indígenas de Pijal (Parroquia González Suárez), que ya hablaban media lengua a mediados del siglo XX. Al ser un sitio de paso hacia las comunidades que se localizan al este del Lago San Pablo, Angla ha jugado un papel decisivo en la difusión de la media lengua en la zona.

Casco Valenzuela fue una comunidad libre ubicada en la periferia de la hacienda El Topo, sin estar vinculada directamente a ella. Al poseer tierras comunales, pudo mantener una agricultura de subsistencia y sobrevivir sin mayores influencias del exterior. Desde los años sesenta, sin embargo, la escasez de tierras obligó a los habitantes de Casco Valenzuela a vender su mano de obra en las ciudades de Otavalo, Ibarra y Quito.

La comunidad El Topo perteneció a la hacienda del mismo nombre hasta 1991, cuando una empresa intercomunitaria formada por socios de las tres comunidades adquirió los terrenos de la hacienda. El Topo ha conservado relativamente intacto su sistema de subsistencia tradicional gracias a que el área agrícola que tiene a disposición es mayor que la de otras comunidades y su población menos numerosa.

3.2. El contexto lingüístico de las comunidades

Imbabura es una de las 11 provincias del Ecuador donde se habla el quichua. Las tres comunidades que hablan la media lengua se encuentran dentro del área dialectal que se extiende «desde Cayambe a través de San Pablo y el monte

15 Actualmente, el pueblo de Cayambe y sus alrededores, con su boyante producción florícola, captan cerca del 40% de la mano de obra proveniente de las comunidades indígenas de San Pablo.

Imbabura hasta Angla, Zuleta, Angachawa y Rinconada, y de estas comunidades hasta Mariano Acosta y Pimampiro en el Norte» (Cole 1982: 7-8 [la traducción es mía]). De acuerdo con los datos recogidos en el sondeo sociolingüístico realizado en 1992 (Büttner 1993: 48:49; Haboud 1998: 91-92), Imbabura es la segunda provincia más importante de la Sierra ecuatoriana por el porcentaje de hablantes que tienen el quichua como lengua nativa (82%).[16] La comunidad quichua de Imbabura es consciente de sus usos lingüísticos y hace esfuerzos por mantener su lengua, de suerte que, si se dan ciertas condiciones, «Imbabura podría conservar un bilingüismo étnico más permanente y habría encontrado estrategias funcionales para el mantenimiento de la lengua» (Haboud 1998: 145-6). La existencia de una numerosa población bilingüe cuya lengua materna era el quichua fue decisiva en el desarrollo de la media lengua.

Las comunidades de Casco Valenzuela y El Topo presentan, de entre todas las comunidades que participaron en el sondeo lingüístico de 1992 (Büttner 1993: 80-117), el porcentaje más alto (53%) de bilingüismo quichua-castellano así como un pequeño porcentaje (5.9%) de bilingüismo castellano-quichua,[17] sobre todo en las generaciones jóvenes. Si se calculan las diferencias en el conocimiento del quichua entre las generaciones de padres e hijos, las dos comunidades muestran cocientes de 43% para el quichua y 31% para ambas lenguas. Si se comparan estos cocientes con los de otras provincias, se encuentra no sólo una tendencia marcada al desplazamiento del quichua como lengua materna sino también al crecimiento sostenido del bilingüismo a través de las generaciones. En cuanto al uso del quichua según el género, las mujeres (92,6%) muestran un porcentaje considerablemente superior al de los hombres (57,4) en Casco Valenzuela y El Topo. Muy probablemente esta diferencia en el uso del quichua sea el resultado de la intensa migración laboral de los hombres a las ciudades y su contacto con el mundo hispanohablante, situación que está cambiando radicalmente en los últimos años.

3.3. El origen y la difusión de la media lengua en la zona

De acuerdo con mis informantes, Angla fue la primera comunidad de la zona que adoptó la media lengua, hablándola ya desde principios de la década de

16 La primera provincia es Chimborazo (92%), históricamente la zona indígena más importante de la Sierra del Ecuador.

17 Un bilingüe quichua-castellano es aquél que tiene el quichua como lengua dominante. De igual manera, cuando el castellano es la lengua dominante, hablamos de un bilingüe castellano-quichua.

1960. Los vecinos de Angla que crecieron hablando la media lengua, prefieren hoy hablar castellano y restringen el uso de aquélla a espacios estrictamente familiares. La comunidad de Casco Valenzuela adoptó la media lengua dos décadas atrás y actualmente las dos terceras partes de su población la hablan junto con el castellano y el quichua. El Topo es la última comunidad donde está arraigándose el uso de la media lengua, especialmente en las generaciones más jóvenes.

En general, la introducción de la media lengua estuvo influida por tres factores sociales y económicos que promovieron su difusión: (a) una creciente migración laboral a las ciudades (en las tres comunidades); (b) un aumento de las actividades comerciales con el mundo mestizo (Angla y El Topo); (c) un contacto regular con funcionarios públicos y trabajadores de ONGs (El Topo, Casco Valenzuela).

El caso de Angla es de especial interés no sólo porque fue la primera comunidad que adoptó la media lengua sino por las condiciones en que lo hizo. De acuerdo con mis informantes, ya se hablaba la media lengua en Angla a inicios de los años sesenta. Según algunos informantes, era normal que un padre de familia aprendiera el castellano en la ciudad y hablara esta lengua a sus hijos —pero no a su esposa, con quien se comunicaba en quichua. La madre jugó un papel decisivo en la transmisión de la media lengua a las generaciones más jóvenes, y el padre en la transmisión del castellano. Poco a poco el quichua hablado dentro de la familia se llenó de interferencias del castellano dando paso a una mezcla de lenguas que era el principal código de comunicación entre hermanos.

Todos los informantes de Angla concuerdan en que la media lengua entró a las comunidades a raíz de las frecuentes visitas de los comerciantes de la comunidad de Pijal, perteneciente a la parroquia vecina de González Suárez, donde ya se hablaba la media lengua desde los años cincuenta.[18] Pijal actualmente es una comunidad monolingüe en castellano, como buena parte de la población de la parroquia.[19] Un maestro originario de Angla explica así el origen y la difusión de la media lengua en la zona:

> El origen de la Media Lengua se da a causa del factor económico, donde por ser una zona agrícola, una de las formas de sobrevivencia hasta el momento es a través del trueque, el negocio y la comercialización de productos agrícolas y animales. Y como

18 Para una descripción de la situación lingüística de González Suárez, véase Büttner (1993: 80-117).

19 El hecho de que la media lengua haya precedido al reemplazo total del quichua en esta zona —como estaría ocurriendo en Angla— demuestra en parte la hipótesis de que la media lengua es una etapa en el proceso de castellanización.

la comunicación varía de una comunidad a otra, para llegar a la comprensión siempre tiene mayor aceptación la persona de mayor poder económico.

Los comerciantes indígenas de Pijal mantenían estrechas relaciones con la población mestiza de San Pablo y eran bilingües avanzados quichua-castellano, lo cual les colocaba en mejor posición social y económica que los comuneros de Angla y Casco Valenzuela. A fin de crear un ambiente propicio para la comunicación, los comerciantes de Angla empezaron a imitar la forma de hablar de sus vecinos incorporando préstamos castellanos hasta formar un registro mixto que utilizaron primero en sus relaciones comerciales y que más tarde difundieron en la familia y la comunidad. En este proceso debieron haber jugado un papel decisivo los «ñaupadores»,[20] individuos conocidos por su buen manejo del castellano, que actuaban de representantes a la hora de negociar, con los mestizos, asuntos de la comunidad.

A partir de Angla, la media lengua se difundió, en las décadas siguientes, a las comunidades vecinas; primero, a Casco Valenzuela, y más tarde a El Topo. Entre los factores que hicieron posible la difusión de la media lengua están la educación como espacio de relación intercomunitaria, el trabajo colectivo, las fiestas y las reuniones entre vecinos de las comunidades. Actualmente Casco Valenzuela y El Topo presentan un elevado índice de bilingüismo quichua-castellano (53%), con un gran número de hablantes de media lengua (65%). Hoy en día los niños de ambas comunidades adquieren la media lengua como primera lengua junto con el quichua y el castellano.

4. Aspectos lingüísticos de la media lengua de Imbabura

Los procesos lingüísticos que dieron origen a la media lengua de Imbabura (MLI) son los mismos descritos por Muysken (1979, 1981, 1985) para la media lengua de Salcedo (MLS), por lo que no los trataré aquí. En su lugar propongo una breve descripción lingüística de MLI con dos propósitos: (a) dar cuenta de rasgos específicos que han sido insuficientemente tratados en otros estudios; (b) resaltar las similitudes y diferencias entre MLI y MLS en cuanto variedades de un mismo fenómeno lingüístico.

20 Del quichua, *ñaupa*, «frente, cara», es decir, «el que da la cara», «el que esta al frente».

4.1. Fonología

La fonología de MLI es la misma que la del quichua de Imbabura, tanto así que quien no está familiarizado con MLI, la toma por un dialecto quichua.[21] Según el inventario fonológico de Cole (1982: 199), el quichua de Imbabura tiene 27 sonidos —22 consonantes y 5 vocales— de los cuales 7 han sido tomados del castellano: /b/, /d/, /g/, /b/, /z/, /e/, /o/. En principio, la única diferencia con el quichua de Imbabura es que en la media lengua estos sonidos eventualmente pueden ser segmentos distintivos: [misa] «misa» y [miza] «mesa».

En MLI las consonantes /b/, /d/, /g/ ocurren en vocablos relexificados mientras en quichua representan alófonos sonoros de las oclusivas sordas /p/, /t/, /k/ en ambientes post-nasales. La regla de sonorización después de nasales no siempre se cumple en MLI, de manera que, por ejemplo, el morfema /-ta/ tiene una sola realización —sorda— cuando se sufija a lexemas de origen castellano; así, *patronta* «al patrón» se pronuncia siempre [patronta] y no [patronda] como sería de esperar. Los alófonos [b] y [z] aparecen en MLI en ambientes intervocálicos en raíces relexificadas ([kabiza] «cabeza»; ([azinda] «hacienda») pero también en otros ambientes en raíces quichuas: la labial sonora [b] se produce por la labialización del diptongo /wi/ ([bi][22], «grasa»); y la ápico-alveolar [s] se sonoriza en ambientes intervocálicos como en [osiuzu] «sucio». En cuanto a las vocales [e] y [o], aparecen en MLI casi exclusivamente en raíces relexificadas y en interjecciones. También hay muchos casos en que la raíz no ha mudado la vocal (*compra-*, *maneja-*) o bien ha mudado sólo una de las vocales (*vendi-*, *ofreci-*). Casos como éstos demuestran que los procesos de asimilación en MLI no son fonológicamente regulares y dependen de factores no-fonéticos. El resultado obvio es que la variación fonética en MLI es mucho mayor que en los dialectos quichuas y su rango oscila entre estilos quichuizantes y castellanizantes.

21 En mi opinión, esta semejanza fonológica explicaría por qué la media lengua fue descubierta apenas a mediados de los años setenta y por qué continúa siendo un fenómeno de contacto poco estudiado con relación a otros dialectos quichuas.

22 De acuerdo con el diccionario *Caimi Ñucanchic Shimiyuc-Panca* (CIEI 1982), el vocablo *huira* tiene tres actualizaciones fonéticas: [wira], [bira], [ira]. La variación fonética, como se observa, es grande, llegando incluso a la elisión, de manera que no es posible atribuir la presencia de la labial sonora exclusivamente al castellano.

4.2. Relexificación: el origen de las raíces y la frecuencia de uso

Cuando una raíz castellana entra en MLI, pasa por un proceso de asimilación fonológica en tres etapas. Cada etapa representa un grado de relexificación[23] equivalente al grado de asimilación fonológica del lexema castellano. Se pueden identificar tres grados de relexificación:

Cuadro 1: Grados de relexificación y asimilación fonológica

Grado de relexificación	Grado de asimilación fonológica	Ejemplo
Inicial	La pronunciación tiene todos los rasgos fonéticos de la lengua relexificadora	[kabesa]
Intermedio	La pronunciación comparte algunos rasgos fonéticos de la lengua matriz y la relexificadora	[kabisa]
Completo	La pronunciación tiene todos los rasgos fonéticos de la lengua matriz	[kabiza]

Una raíz puede pasar por una o dos etapas, o por las tres sucesivamente. A menudo se observa una asimilación compleja en raíces que contienen las vocales /e/ y /o/, ausentes de la matriz fonológica quichua. El resultado depende de la ruta que ha seguido la raíz desde la lengua relexificadora hasta MLI y de su frecuencia de uso. La frecuencia de uso como factor en la realización fonética de una palabra se muestra claramente en la relexificación del vocabulario básico,[24] donde las raíces verbales aparecen completamente asimiladas a los patrones fonéticos del quichua: [tini], «tener», [azi], «hacer», [dizi], «decir». Al contrario, las raíces cuyo uso está restringido a ciertos contextos comunicativos han sufrido poca o ninguna asimilación.

En cuanto al porcentaje de relexificación, MLI tiene un promedio de 75% de raíces castellanas frente al 87% de MLS, lo cual sugeriría un carácter más conservador de MLI, sobre todo si se toma en cuenta otros rasgos de la morfología y la sintaxis. No obstante, MLI muestra también elementos innovadores que no aparecen en MLS, como la presencia de un mayor número de morfemas castellanos o distinciones de género en el paradigma pronominal, como se verá enseguida.

23 Esto se refleja en la ortografía, pues una palabra puede tener hasta tres formas según la percepción que tiene el hablante de su origen (quichua o castellano).

24 El grado de relexificación del vocabulario básico no es el mismo para todos los hablantes de ML y depende de factores como la edad y el grado de inmersión en la cultura hispana.

4.3. Morfología

De las 63 partículas existentes en el quichua ecuatoriano (CIEI 1982a: 15-19), se identificaron en MLI un total de 49, cantidad equivalente al 80% de la morfología quichua original.[25] Sobre la base de estos datos y de los índices de uso en las muestras de 10 hablantes de distinto sexo y edad, se pudo concluir que la morfología quichua está en pleno funcionamiento en MLI y que los procesos de inflexión y derivación son los mismos que en el quichua ecuatoriano.

No obstante, MLI también posee un pequeño número de morfemas tomados del castellano, a saber: *itu*, diminutivo; *-s*, plural; *dur*, agente; *ndu*, gerundio; y *li*, enclítico de objeto indirecto. Con excepción del diminutivo, que aparece en todos los dialectos ecuatorianos, los demás morfemas son de baja frecuencia en MLI y se encuentran sólo en contextos específicos.

El caso del plural castellano merece un comentario. En MLI se usa normalmente el morfema *kuna* para el plural, pero existe un gran número de sustantivos relexificados que llevan antepuesto al plural quichua la terminación /s/. El plural castellano ha entrado a la morfología de MLI como producto de la relexificación y se encuentra únicamente en raíces relexificadas. Cosa semejante ocurre con el morfema *dur*, que aparece siempre con raíces castellanas (v. g. *cumpra-dur*, «comprador»; *midi-dur*, «medidor»), salvo algunas excepciones (v. g. *ñaupa-dur* «representante»). Los morfemas *ndu* y *li*, por su parte, tienen una frecuencia muy baja en las muestras y son casi de carácter excepcional. El primero aparece siempre junto con el gerundio unipersonal quichua *shpa* como se ilustra a continuación:

(1) *y mientras trabaja-shpa-ndu primer año estudia-rka-ni*
y mientras trabajar-GER-GER primer año estudiar-PRET-1S
«y mientras trabajaba el primer año, estudiaba»

El infijo *li* proviene del enclítico castellano «le» y aparece únicamente junto a las raíces *da-* «dar»[26] y *entrega-* «entregar», para marcar uno de los argumentos del verbo (objeto indirecto), aun en casos donde éste aparece explícito.[27]

25 Este porcentaje es relativo porque algunos morfemas ocurren solo en ciertos dialectos (v. g. *-sami*, únicamente Napo y Pastaza) o bien han caído en desuso en otros (*-cancha*, Cotopaxi y Tungurahua).

26 En un verbo de tres argumentos (agente, objeto, recipiente) *-li* se refiere exclusivamente al recipiente.

27 Llama la atención que MLI haya incorporado un infijo para marcar uno de los argumentos de un verbo transitivo, ya que el quichua ecuatoriano —a diferencia de la mayoría de los dialectos del quechua I— no tiene morfemas que marcan las relaciones actanciales en verbos transitivos.

Cuando el argumento no está explícito, la interpretación depende del contexto y el morfema puede referirse a cualquier número y persona[28] como en el siguiente ejemplo:

(2) *muy pokito disayuno-ta da-li-k ka-rka*
muy poquito desayuno-ACUS dar-OI-DUR ser-PRET
«(nos) daban muy poquito desayuno»

Su baja frecuencia, sin embargo, sugiere la posibilidad de que se trate de formas congeladas, donde MLI ha tomado la raíz verbal y el sufijo como un solo lexema indivisible. Esta posibilidad cabe, sobre todo, en el caso de un verbo monosilábico como «dar», que se aparta de la estructura bisilábica que caracteriza buena parte de las raíces verbales quichuas, exceptuando precisamente la raíz del verbo «dar» *ku-* (Muysken, comunicación personal). En todo caso, el proceso de regularización de las raíces verbales castellanas no siempre tiene los mismos resultados. A continuación una lista comparativa de raíces verbales castellanas en las variedades de Saraguro, Salcedo, Catalangu e Imbabura.

Cuadro 2: Verbos castellanos regularizados en 4 variedades de ML

ML-Saraguro	ML-Salcedo	Catalangu	ML-Imbabura	Castellano
anda-	i-	anda-	anda-/i-	ir
bamuchi-	bamuchi	bamuchi-	bamuchi-	vámonos
dali-	da-	da-/dali-	dali-	dar
bia-	bi-	bi-	bi-	ver
asi-	azi-	asi-	azi-	hacer
rii-	ri-	riyi-	rii-	reír
dentra-	dintra-	—	dintra-	entrar
dizi-	dizi-	—	dizi-	decir
benditu-	bendizi -	—	bendizi-	bendecir

(basado en Muysken 1997: 417)

28 Se distingue, por lo tanto, del clítico castellano *le*, que se refiere únicamente al objeto directo de tercera persona de singular.

4.3.1. Marcadores de evidencialidad

La evidencialidad juega un papel decisivo en la forma como el hablante estructura y transmite la información. Los dos rasgos principales de la evidencialidad en quichua son: (a) el origen de la información, es decir, si el hablante conoce algo de primera mano, lo escuchó de otra persona o lo obtuvo mediante inferencia; (b) la valoración del hablante con respecto a la información que transmite, es decir, si la considera verdadera, posible o dudosa. Todos los marcadores de evidencialidad identificados para el quichua ecuatoriano (CIEI 1982a: 15-19) aparecen en MLI, con excepción del reportativo *shi*, que en Imbabura ha sido reemplazado por la raíz verbal *nin-* «decir» y en MLI por la raíz castellana *dizi-*. La frecuencia de uso de los marcadores de evidencialidad, sin embargo, no es igual para todos, siendo mucho más frecuente el validador *mi*, seguido de los reafirmativos *mari* y *yari* y del dubitativo *chari*. Una comparación de las muestras de dos hablantes de MLI pertenecientes a distintas generaciones (35 y 70 años respectivamente) arrojó frecuencias de uso muy distintas: no sólo que en la muestra del hablante más joven estaban ausentes el dubitativo y el reafirmativo, sino que la frecuencia del topicalizador era significativamente menor. Esto podría sugerir una reestructuración del paradigma de los evidenciales en los hablantes más jóvenes de MLI, asociada a una forma de tratar la información y organizar el discurso influida por el contacto con el mundo mestizo hispanohablante.

4.3.2. Pronombres y pronominales

Especial atención merece el paradigma de los pronombres y los pronominales[29] en MLI porque refleja los procesos lingüísticos que dieron forma a esta variedad. El siguiente cuadro compara los pronombres personales en MLI, MLS y quichua:

29 Entiendo por pronominales las formas construidas con un pronombre y un morfema de caso. Así, por ejemplo, *bos-ta*, «a ti», contiene el pronombre relexificado y el morfema de caso acusativo *-ta*.

Cuadro 3: Pronombres personales en MLI, MLS y quichua

Pronombre	media lengua Imbabura	media lengua Salcedo	Quichua
1ª Sg	yo, miyu, ñuka	Yo	ñuka
2ª Sg	bos	bos	kan
2ª Sg (R)	ustí	—	kikin
3ª Sg Masc	il/el	el	pay
3ª Sg Fem	illa/ella	el	pay
1ª Pl	nuitro, notro(s), nutrukuna	nurzhu	ñukančik
2ª Pl	boskuna	boskuna	kankuna
2ª Pl (R)	ustikuna	—	kikinkuna
3ª Pl Masc	ilkuna/elkuna, illoskuna	elkuna	paykuna
3ª Pl Fem	illakuna/ellakuna, illaskuna	elkuna	paykuna

Son evidentes las similitudes entre las dos variedades de ML, pero también saltan a la vista las diferencias. Por un lado, se destaca el mayor número de distinciones que ha incorporado MLI al paradigma de los pronombres: en tercera persona no sólo se distingue el número (doblemente marcado en plural en algunos casos)[30] sino también el género; y en segunda persona, el grado de respeto (R) hacia el interlocutor. MLI presenta tres alomorfos para ambos números de primera persona, posiblemente de origen distinto para cada uno. Así, mientras MLS tiene únicamente *yo* para primera persona del singular, MLI tiene tres alternativas: *yo*, del pronombre castellano; *miyu*, del pronombre posesivo de primera persona de singular, «mío»; y *ñuka*, del pronombre quichua. Algo similar ocurre en el plural, donde MLS tiene sólo el pronombre *nurzhu*, frente a tres alternativas en MLI: *nuitro*, del pronombre posesivo de primera persona de plural; *notro(s)*, forma apocopada del pronombre castellano; y *nutrukuna*, formada por la raíz castellana y el plural quichua. Sin haber analizado la distribución de las distintas formas personales, me inclino a pensar que existe entre ellas distribución complementaria, determinada por el tópico, los interlocutores y el estilo (castellanizante o quichuizante) del intercambio verbal.

En cuanto al paradigma de los pronominales, los pronombres posesivos y los adjetivos posesivos, se advierten los mismos patrones de derivación del quichua ecuatoriano,[31] con algunas particularidades que menciono enseguida. En primer

30 Véase lo dicho en la sección anterior sobre la presencia del plural castellano junto al plural quichua.

31 Al haber perdido el quichua ecuatoriano los morfemas de posesión que existen en otros dialectos del quechua, ha recurrido al morfema de caso genitivo *pak* para marcar la posesión en

lugar, para la primera persona de singular existen, en todos los casos, dos alternativas, una con *yo* (v. g. *yo-manta*, yo-ABL, «de mí») y otra con *mi(y)u* (v. g. *miu-manta*, «de mí»), aunque la frecuencia de uso de la segunda es mucho mayor. De igual manera, en los adjetivos y pronombres posesivos son posibles ambas formas (v. g. *yo-pak*, *miu-pak*), pero hay una clara preferencia o bien por la segunda, o bien por la raíz sin el posesivo (v. g. *miu wakra*, «mi vaca»), como se acostumbra en quichua para ambos números de primera persona. Al igual que en MLS (1985: 398), en MLI existe el pronombre de caso no-nominativo *ami*, que se utiliza indistintamente junto con *miyu* y *yo* en acusativo, pero es reemplazado por la primera forma en los demás casos (v. g. *miyu-man,* «para mí»).

4.4. Sintaxis

El orden de elementos en MLI es más flexible que en los dialectos quichuas locales, aunque se puede identificar la tendencia a colocar el verbo al final de la oración. En una muestra de diez hablantes, hombres y mujeres con edades comprendidas entre 25 y 70 años de edad, se encontró que los hablantes menores de 40 años producían un orden de elementos SVO en proporción de 3 a 1 con respecto a los hablantes mayores.[32] En principio, es posible asociar el orden de elementos SVO con un estilo más castellanizante y el orden SOV con registros más quichuizantes. Sin embargo, se ha identificado un desplazamiento sintáctico hacia SVO en otros dialectos del quichua ecuatoriano (Fauchois 1988: 107-110). Los datos de que dispongo apuntan a un alto grado de variación en el orden de los elementos, que puede estar asociado con la edad del hablante y la formalidad del registro. Así, por ejemplo, los hablantes mayores muestran un orden de elementos más quichuizante (SOV) con respecto a los más jóvenes.

Mucho más fijo es el orden de elementos en la adjetivación y la posesión, donde más del 90% de los casos analizados en las muestras siguen los cánones quichuas de AdjN y Poseedor-Poseído. En cuanto al uso del morfema acusativo *ta*, relacionado también con el orden de palabras, su frecuencia en MLS es del 25% (Muysken 1985: 447) mientras que en MLI alcanza al 60%, aunque también en este caso, la variación es considerable.

las distintas personas. Así por ejemplo, *bos-pak*, «tu/tuyo». Por esta razón prácticamente no hay diferencia entre los pronombres posesivos y los adjetivos posesivos, distinguiéndose sólo en algunos casos los primeros por el topicalizador *-ka*.

32 Para cada hablante se analizó un fragmento de aproximadamente 1000 tokens.

En resumen, parece que MLI es una variedad con tendencias más conservadoras en el léxico, la morfología y la sintaxis que la variedad de Salcedo (Muysken 1977, 1979, 1985), aunque comparte con ella similares procesos de formación y difusión.

5. La media lengua: conclusiones y perspectivas

Las comunidades indígenas de esta investigación comparten con la comunidad de San Andrés de Pilaló (Salcedo) condiciones sociales y económicas determinadas por los siguientes factores: (a) relativa cercanía a los centros urbanos hispanohablantes; (b) presión demográfica sobre los recursos agrícolas; (c) migración laboral a los centros urbanos; (d) conservación de elementos propios de la cultura quichua tradicional junto con otros elementos tomados de la cultura mestiza hispana; (e) coexistencia del quichua con el castellano y la media lengua. Estas comunidades han vivido un proceso de pauperización debido a la escasez de su principal medio productivo (la tierra), que obligó a una parte de la población a migrar a las ciudades en busca de trabajo, aprender castellano y sumergirse en la cultura urbana, manteniendo al mismo tiempo estrechos lazos con sus comunidades de origen.

El contexto lingüístico y sociolingüístico que ha acompañado el surgimiento de la media lengua en sus diferentes variedades está formado por los siguientes elementos: (a) la existencia de dialectos quichuas locales con diferentes niveles de influencia del castellano,[33] con gran variación fonológica pero muy poca variación morfosintáctica; (b) la existencia de una variedad del castellano hablado en los Andes ecuatorianos (Castellano Andino Ecuatoriano, CAE) que se distingue del castellano estándar y presenta un alto grado de uniformidad en todas las provincias de la Sierra;[34] (c) la situación diglósica entre el quichua y el castellano, donde éste, como lengua de prestigio, se utiliza en contextos oficiales y públicos; d) una historia de contactos entre el quichua y el castellano que se remonta hasta los primeros años de la conquista.

---

33 De acuerdo con Muysken (1997: 378), los porcentajes de préstamos del castellano en los dialectos quichuas ecuatorianos oscilarían entre 11% y 40%. De hecho, creo que los márgenes del préstamo pueden ser aun más amplios, de suerte que a veces resulta imposible trazar una línea divisoria entre una variedad quichua con un alto porcentaje de préstamos y una variedad de media lengua con un mediano grado de relexificación.

34 Sobre el CAE, véase el capítulo séptimo de la obra de Haboud (1998: 199-227), donde se analizan los efectos del contacto del quichua en el castellano.

A estos factores se podría añadir la existencia —no demostrada aún— de un pidgin originado por necesidades comerciales entre los pueblos que habitaban esta parte de los Andes.[35] Al respecto, comparto con Muysken el rechazo a identificar el origen de la media lengua en un pidgin hablado antiguamente en la Sierra, aunque no descarto la existencia de una lengua vehicular que sirviera a estos fines. De hecho, es probable que el castellano —un castellano con numerosas interferencias del quichua— cumpliera estas funciones ya en el siglo XVIII, sobre todo en espacios urbanos y en el contexto de una marcada dialectalización del quichua ecuatoriano. Estas y otras circunstancias mencionadas en su momento habrían promovido el nacimiento de la media lengua en situaciones de contacto intenso de una comunidad quichuahablante con el castellano. Dada la existencia de similares condiciones sociohistóricas en diferentes zonas de la Sierra del Ecuador, el contacto del quichua y el castellano ha producido no una sino distintas variedades de media lengua, que comparten esencialmente los mismos rasgos lingüísticos pero difieren en el grado de relexificación y la influencia de las estructuras morfosintácticas del castellano.

Es notable el hecho de que muchos hablantes de MLI insistan en que, a pesar del estigma que conlleva en muchos contextos, la media lengua es una forma suya particular de no perder el quichua. Esta percepción de la propia lengua, que implica una actitud más bien positiva, sugiere la posibilidad de entender la media lengua no como un paso al castellano sino más bien como un retorno al quichua para quienes ya han dado ese paso. La media lengua sería, desde este punto de vista, una estrategia para optar por una lengua y una cultura ajenas sin perder las propias. La gran variación interna que presentan las variedades de ML se explicaría entonces como una estrategia del hablante para definir su identidad con respecto a los dos mundos que constituyen el espacio de su praxis social.

Bibliografía

BOURDIEU, Pierre (2000): *La dominación masculina*. Madrid: Anagrama.

BÜTTNER, Thomas (1993): *Uso del quichua y el castellano en la Sierra ecuatoriana*. Quito: Abya Yala.

CIEI (1982a): *Caimi Ñucanchic Shimiyuc-Panca*. Quito: Ministerio de Educación y Cultura, PUCE.

35 De acuerdo con Torero (1974), el quechua fue introducido en los Andes septentrionales antes de la invasión inca por viajeros comerciantes (mindalaes) y fue hablado como lingua franca en esta área antes de la llegada de los españoles.

— (1982b): *Ñucanchic llactapac shimi*. Quito: Ministerio de Educación y Cultura, PUCE.

COLE, Peter (1982): *Imbabura Quechua*. Amsterdam: North-Holland Publishing Company.

FAUCHOIS, Anne (1988): *El quichua serrano frente a la comunicación moderna*. Quito: Proyecto EBI, Abya Yala.

GUERRERO, Andrés (1991): *La semántica de la dominación: el concertaje de indios*. Quito: Libri Mundi.

HABOUD, Marleen (1998): *Quichua y castellano en los Andes ecuatorianos: los efectos de un contacto prolongado*. Quito: Abya Yala.

HASSAUREK, Frederik (1993): *Cuatro años entre los ecuatorianos*. Quito: Abya Yala.

MUYSKEN, Pieter (1979): «La Mezcla de Quichua y Castellano. El caso de la 'Media Lengua' en el Ecuador», en *Lexis*, 3, pp. 41-46.

— (1981): «Half-way between Spanish and Quechua: the Case for Relexification», en A. Highfield y A. Valdman (eds.): *Historicity and Change in Creole Studies*. Ann Arbor: Karoma, pp. 52-78.

— (1985): «Contactos entre Quichua y Castellano en el Ecuador», en Segundo Moreno (ed.): *Memorias del Primer Simposio Europeo sobre Antropología del Ecuador*. Quito: Abya Yala, pp. 377-472.

— (1997): «Media Lengua», en Sarah G. Thomason (ed.): *Contact languages: a wider perspective*. Amsterdam: Benjamins, pp. 365-425.

SÁNCHEZ-PARGA, José (1992): *Presente y futuro de los pueblos indígenas: análisis y propuestas*. Quito: Abya Yala.

SPIVAK, Gayatry Chakravotry (1996): *The Spivak Reader. Selected works of Gayatry Chakravotry Spivak*. Ed. by Donna Landry and Gerald Maclean. New York: Routledge.

TORERO, Alfredo (1974): *El quechua y la historia social andina*. Lima: Universidad Ricardo Palma.

EL USO DE LOS CLÍTICOS EN EL ESPAÑOL DE SALCEDO

CECILE VAN DER ENT
Universidad de Leiden

1. Introducción[1]

El uso de los clíticos en el español andino es un tema bastante estudiado, pero llama la atención que la gran mayoría de las publicaciones al respecto tratan sobre el español andino peruano (cf. p. ej. Lozano 1972; Pozzi-Escot 1972; A. Escobar 1978; A. M. Escobar 2000). En el presente artículo intento contribuir al tema del uso de los clíticos con datos sobre el español andino ecuatoriano, que se compararán con los datos peruanos. Además se investigarán los factores sociales que puedan influir en el uso de los clíticos, como por ejemplo el hecho de que un informante sea monolingüe o bilingüe.

Los datos que he utilizado para la investigación provienen del trabajo de campo realizado desde junio hasta agosto del año 1978 por Pieter Muysken en la Sierra Central de Ecuador. El corpus de 181.404 palabras corresponde a una muestra de habla espontánea de 52 hablantes diferentes, provenientes de todos los grupos sociales salvo el de la clase alta de terratenientes.

En el apartado 2 compararé el uso de los clíticos en el español andino peruano con el del español andino ecuatoriano. En el apartado 3 presentaré los resultados del análisis del corpus ecuatoriano con respecto a las propiedades descritas en el apartado anterior. En el apartado 4 analizaré con más detalle la omisión de los clíticos en relación con los factores sociales. En el apartado 5 explicaré los datos descritos en los apartados 3 y 4. Finalmente, en el apartado 6, presentaré las conclusiones.

1 Agradezco los valiosos comentarios de Hella Olbertz y Pieter Muysken. La responsabilidad por los defectos que pueda tener este artículo desde luego es mía.

2. El uso de los clíticos en los Andes

Este apartado está dedicado a la comparación del uso de los clíticos en la zona andina peruana con el uso de los clíticos en la zona andina ecuatoriana. Primero me detendré en la cuestión del leísmo o el loísmo en ambos países, y después elaboraré el tema de la redundancia y la omisión de los clíticos.

2.1. ¿Leísmo o loísmo?

Entiendo por «leísmo» el empleo de *le(s)* para el objeto directo, tanto para masculino, como para femenino y cosa. «Loísmo» se refiere al uso de *lo(s)* para el objeto indirecto (y no el uso de *lo* para el objeto directo, que es el uso etimológico/normativo para la referencia al género masculino). El laísmo (el uso de *la* para el objeto indirecto) no se da en el área andina.

Entre los estudios del leísmo/loísmo en el español andino peruano destaca el de Godenzzi (1986) sobre el español de Puno. Godenzzi divide a los hablantes de Puno en dos grupos: los que no son de Puno y los que son nativos de Puno. Luego subdivide al segundo grupo entre los que hablan el castellano como primera lengua, y los que hablan el quechua o el aymara como primera lengua. Resulta que en Perú la elección del clítico depende del origen geográfico y de la lengua materna del hablante.

Del estudio de Godenzzi se puede concluir que el loísmo no existe en el español de Puno, porque cada grupo usa la forma *le(s)* para el objeto indirecto. Sí existe el leísmo, que es usado sobre todo por hablantes del grupo de los que provienen de Puno y que poseen el español como lengua materna.

Otros autores sostienen que sí hay loísmo en el Perú. Tanto Lozano (1972: 301) como Escobar (1978: 110) dan ejemplos del uso del pronombre de objeto directo en vez de objeto indirecto (*Él los mandó unos regalos lindos; Él los dio algunas instrucciones*). Sin embargo, puede ser que estos ejemplos no sean casos de loísmo sino que sean casos de duplicación del objeto directo.

En cuanto al leísmo en el Ecuador, Kany (1970) observa:

> En el habla popular de Hispanoamérica, la regla general es el *lo*, excepto en Ecuador y en Paraguay (...), en donde se puede oír el *le* (plural *les*) referido a personas en labios de todas las clases (...). Es más, tanto en Ecuador como en Paraguay se oye con gran frecuencia el *le* como pronombre complemento femenino en lugar del *la* (1970: 134).

Toscano Mateus afirma también que la sierra ecuatoriana es leísta y que se usan *le* y *les* de una manera general como acusativos tanto masculinos como femeninos de persona y de cosa. Según este autor *lo* neutro se usa muy poco, pues se suprime, salvo en ciertas frases hechas, algunas de las cuales están lexicalizadas, por ejemplo *lo he de hacer; Diosolopay; vístolo bien* (1953: 205). Esto ha sido confirmado también por otros autores. Según Adelaar y Muysken, el español del Ecuador es extremadamente leísta, es decir, que no tiene *lo* como clítico verbal del todo (2004: 596).

En resumidas cuentas, no cabe duda que (i) el Ecuador andino es mucho más leísta que el Perú andino, y (ii) no se da el loísmo en Ecuador, mientras que sí existe en el Perú.

2.2. La redundancia de los pronombres clíticos

Además del leísmo/loísmo, Godenzzi (1986) ha estudiado la redundancia del pronombre del objeto directo. Si bien los distintos grupos de hablantes que distingue Godenzzi recurren a diferentes soluciones, todos usan alguna forma de redundancia.

Resumiendo los demás estudios sobre este tema, se puede subcategorizar la redundancia de los pronombres clíticos en cuatro tipos:

Tipo A. El pronombre clítico *lo* en cláusulas relativas, lo que Lozano (1972: 299) llama relativización no estándar (cf. también Adelaar y Muysken (2004: 595):

(1) ¿Quién es el *muerto* que *lo* van a enterrar?

Tipo B. Objeto directo doble; *lo* en cláusulas principales y en cláusulas relativas (Lozano 1972: 303; Adelaar y Muysken 2004: 595):

(2) Allí *lo* tengo varias *plantas*.
(3) Aquí está el criminal que *lo* mató a *Pedro* (Lozano 1972: 303).[2]

Tipo C. El empleo de *lo* como marcador de aspecto verbal terminativo en estructuras verbales intransitivas (Palacios 1998: 119; Granda 1999: 85);

2 Aunque en (3), igual que en (1) hay un *lo* en la cláusula relativa, la diferencia entre las oraciones es que en (1) el antecedente se encuentra en la cláusula principal (tipo A), mientras que en el ejemplo (3) (tipo B) el antecedente se encuentra en la cláusula subordinada.

(4) ya *lo* llegó; ya *lo* entró.

Tipo D. Duplicación del clítico de objeto (directo e indirecto) (Escobar 1978; Granda 1999; A. M. Escobar 2000).

(5) *Le* vamos a mandar*le* un fiambre (Escobar 1978: 111).
(6) *La* voy a consultar*la* con mi prima (A. M. Escobar 2000: 89).

El único autor que escribe sobre la redundancia del español andino ecuatoriano es Toscano Mateus, quien menciona los tipos de redundancia A, B, y D. A diferencia de la situación peruana, el pronombre del tipo B no es *lo*, sino *le*, porque el Ecuador es leísta. Toscano Mateus (1953: 203-204) da los siguientes ejemplos:

Tipo A
(7) El amor es harpa de los cielos que *la* tendrás que oír.

Tipo B
(8) *Le* vi a la Rosa; *Le* fui a visitar a tu hermana.

Tipo D
(9) Aura mos venido para decirle que *le* vamos a dar*le* la línea para su conducta.

Con respecto al tipo B cabe observar que, haciendo caso omiso del leísmo, los ejemplos en (8), donde el referente del clítico redundante es humano, no están marcados, ya que se podrían dar en cualquier variedad del castellano. Por lo tanto, voy a introducir aquí una subcategorización entre B1, ejemplificado por (2) y B2 ejemplificado por (3) y (8). Sólo el tipo B1, con referente de objeto no humano, tiene carácter innovador independientemente de si el clítico es *le(s)*, *lo(s)* o *la(s)*.

2.3. La omisión de los pronombres clíticos

En la literatura sobre el habla andina peruana se presentan dos tipos de omisión de los pronombres clíticos.

Tipo A. La omisión de los clíticos cuando el objeto directo o indirecto se encuentra en posición preverbal (Granda 1999), o cuando se encuentra en posición inicial de la frase (Lozano 1972). De hecho, se omite el objeto directo en posición preverbal en ambos casos. En general los dos tipos tienden a coincidir, porque cuando el objeto está en posición preverbal, se encuentra muchas veces en posición inicial de la frase (cf. también Escobar 1978).

(10) A Juan _ conocí (OD).
(11) A Juan _ he pegado muy fuerte (OI) (Lozano 1972: 298).

Tipo B. La omisión del pronombre anafórico (Lozano 1972; A. M. Escobar 2000).

(12) El director pide estas llaves. Mándase_ con el mensajero (Lozano 1972: 300).

Tanto la omisión del tipo A como la del tipo B suele afectar sobre todo al objeto directo, como por ejemplo en:

(13) — Pedro me ha pedido el libro, ¿*le* doy?
— Da*le*.
(En español general: ¿*Se lo* doy? — Dá*selo*.)

2.4. Resumen

De lo expuesto en este apartado se puede desprender que existen muchas coincidencias con respecto a la redundancia y la omisión de los pronombres clíticos en el español andino peruano y ecuatoriano. La diferencia más obvia entre las dos variedades es la del leísmo y loísmo. Veamos ahora si el análisis del corpus confirma esta conclusión.

3. El uso de los clíticos en el corpus

Para estudiar el uso de los clíticos en el español andino ecuatoriano de una manera sistemática y fiable, he elegido nueve verbos bi- y trivalentes con estructuras semánticas bastante distintas entre sí. Estos verbos son *comprar*, *conocer*, *dar*, *decir*, *dejar*, *gustar*, *llevar*, *pagar*, *ver*. En este apartado analizaré cómo se usan los clíticos con estos verbos en todo el corpus estudiado, para ver si hay leísmo o loísmo (3.1), redundancia (3.2) y omisión (3.3).

3.1. Los casos excepcionales de lo *y* la

Con los verbos en cuestión, los clíticos *lo* y *la* aparecen solamente 19 veces. Estos 19 casos equivalen al 3% de los usos con clítico. Más detalles se pueden desprender del cuadro 1.

Cuadro 1: El uso de *lo* y *la*

verbo	*lo*	*la*
dar	2	-
decir	4	-
pagar	6	1
gustar	-	1
ver	-	2
dejar	1	1
llevar	-	-
conocer	-	2
comprar	1	-
total	12	7

El verbo *llevar* es el único verbo en combinación con el cual no se encuentra ni *lo* ni *la*. Llaman la atención los seis casos de *lo* con el verbo *pagar*. Cinco de los seis casos consisten en las frases *Dios se lo pague*, o *Dios sulu pague*, es decir que son ejemplos de frases hechas. De los diecinueve casos en total, seis son frases hechas lexicalizadas. Cuatro casos de *lo* o *la* son incomprensibles. Esto significa que en nueve casos se usa *lo* o *la* según la norma del español estándar. Todos estos casos son de hablantes de distintas clases sociales, por eso no se pueden sacar conclusiones en cuanto a la estratificación social. Por añadidura, los casos no son suficientes para sacar conclusiones significativas. Sin embargo cabe preguntarse por qué los hablantes usan, aunque en pocos casos, una forma distinta de *le(s)*.

Es notable que todos los casos de *lo* y *la*, salvo uno, son singulares. El único caso de *los* es

(14) <Amigo de M. V.> ¡Barato! 4.000, 5.000, 8.000, una moto una, bicicleta de carrera es una [...], una rali, esos están costando 8.000 sucres y se *los paga* porque se necesita. [II, 115, 20].[3]

Resumiendo, se puede decir que *lo* y *la* aparecen en el español andino ecuatoriano, aunque muy poco. Algunos casos constan de frases hechas lexicalizadas, pero además aparecen casos aislados en los que el hablante usa *lo* y *la* según la norma del español estándar. Así que mis datos confirman que el leísmo es la regla general en el español andino del Ecuador.

3 En las citas del corpus, la cifra romana indica el número (I-III) del fichero, detrás sigue la página del fichero, y, por último, el número del renglón. Por ejemplo [III,98,21] es el fichero III, la página 98 y el renglón 21.

3.2. El uso redundante del clítico

En el corpus he encontrado 76 casos de redundancia, que se corresponden con los tres tipos identificados en el apartado 2.2:

Tipo A

(15) <J. C.>... bueno señores hasta mañana señores discúlpeme las *palabras* que *lo* estado diciendo señor hasta mañana [III, 98, 21].

Tipo B1

(16) <F. P.> Pues entonce a los a la gente es que dijo no avisarán esto por eso te *le* doy de comer *este puerco*. [II, 21, 11].

Tipo B2

(17) <Hermano de R. G. M.> Y *le* digo yo *al señor del almacén* «Señor, [...] deme la grabadora» [I, 9, 5].

(18) <T.H.> Digo sólo *al señor Pedro le* vi [...] [I, 92, 21].

Tipo D

(19) <Sra. T.> Claro, pues. Claro, pues. Ahí la señora Adela tiene horno propio, ella *le* puede dar*le* no más metiendo [I, 87, 9].

En total hay sólo 5 casos de redundancia innovadora, es decir de los de tipo A, B1 y D, ejemplificados por (15), (16) y (19). La gran mayoría de los casos de redundancia son del tipo B2 tal como queda ejemplificado por (17) y (18), donde el clítico se refiere al referente humano del objeto indirecto y directo, respectivamente. Es el tipo menos marcado, ya que se da en cualquier variedad del español; el uso del clítico incluso es obligatorio según la gramática normativa en casos como (18), donde el objeto precede al verbo (véanse también los apartados 2.3. y 3.3).

En el cuadro 2 se especifican los casos de redundancia del tipo B2 por verbo y por clítico redundante.[4]

4 El que no aparezca en este cuadro el pronombre de segunda persona informal *te* se explica por la falta casi completa de tuteo en el corpus.

Cuadro 2: Redundancia de los pronombres clíticos con referentes humanos

verbo	N de casos de redundancia			% de los casos con clítico
	total	*le/les*	*me/nos*	
dar	17	15	2	8%
decir	12	7	5	7%
pagar	—	—	—	—
gustar	20	11	9	32%
ver	6	6	—	12%
dejar	5	4	1	14%
llevar	2	1	1	4%
conocer	8	7	1	36%
comprar	1	1	—	6%
total	71	52	19	

En la mayoría de los verbos el porcentaje de redundancia oscila alrededor del 10%. Los verbos que sobrepasan este porcentaje son los verbos *gustar* y *conocer*. El verbo *pagar* no presenta ningún caso de redundancia. Se duplican los pronombres clíticos *le* y *les* más que los pronombres clíticos *me* y *nos*.

En vista de estos datos, cabe preguntarse (i) por qué la gente duplica el complemento directo o indirecto, (ii) por qué los porcentajes de los verbos *gustar* y *conocer* son más altos que el resto y (iii) por qué no se produce redundancia con el verbo *pagar*. Con respecto a la primera pregunta creo que, aparte de los casos obligatorios comentados anteriormente, es acertado el comentario de A. M. Escobar (2000: 160-161) cuando afirma que se duplica el (clítico del) complemento para enfatizar la información, lo cual ilustran los siguientes ejemplos:

(20) <P. C.> Entonce yo quisiera ver un amigo, un señor, que nos fuera de ahí que no me... que *me* hiciera conocer *a mí*, por ejemplo la tierra de ahí... [II, 82, 14].

(21) <Mamá de T. H.> Ocho días... Yo bien *le* conocí pues *a la patrona* [II, 57, 11].

Con respecto a la segunda pregunta resulta que algunos verbos se prestan más a la redundancia que otros. Una explicación posible de la frecuente redundancia con los verbos *gustar* y *conocer* está relacionada con la semántica de estos verbos: los hablantes hacen uso del clítico redundante para poner más énfasis en lo que piensan u opinan. No pude encontrar ninguna contestación a la tercera pregunta acerca de la falta de redundancia en el caso de *pagar*.

Como en este artículo no se tratan los verbos intransitivos, no me he fijado en los posibles casos del tipo C (el empleo de *lo* como marcador de aspecto verbal terminativo en estructuras verbales intransitivas), lo cual desde luego no implica que no aparezca en el corpus.

3.3. La omisión de los pronombres clíticos

De los dos tipos de omisión del pronombre clítico descritos en el apartado 2.3 se encuentran muchos ejemplos en el corpus. En el cuadro 3 presento los distintos usos sin clítico en relación con el total de ocurrencias (= *tokens*) de los verbos estudiados. En esta lista no se incluyen los usos del verbo *decir* en la forma petrificada *dizque*, ni tampoco los usos de *ver* en expresiones fijas como *vamos a ver* o muletillas del tipo *vea*, además se excluyen los usos reflexivos de todos los verbos estudiados.

Cuadro 3: La omisión del clítico de objeto directo

verbo	total *tokens*	sin clítico		
		total	OD preverbal	cl. OD anafórico
dar	432	218	32	36
decir	994	829	1	63
pagar	192	125	20	—
gustar	75	13	—	—
ver	240	201	9	19
dejar	146	115	7	39
llevar	226	172	33	53
conocer	124	103	14	56
comprar	229	212	24	40
total	2658	1988	140	306

La segunda columna del cuadro 3 representa el número total de usos sin clítico. Obsérvese que el que se produzca un verbo sin clítico no implica que el clítico se omita. Un caso extremo en este sentido es *decir* que casi no se usa con clítico, porque casi nunca hace falta. Sin embargo, es relevante este dato si consideramos el verbo *gustar*, cuyo clítico suele referirse al objeto indirecto experienciador. La relativa escasez con la que aparece *gustar* sin clítico es indicativa del hecho de que el clítico del objeto indirecto se omite con menor frecuencia.

La relativa frecuencia con la que aparece el clítico de objeto indirecto se nota también en los demás verbos. Por ejemplo, con el objeto nominal en posición preverbal hay sólo 9 casos de omisión (y 14 de no omisión) del objeto indirecto, mientras que se encuentran 140 casos de omisión del objeto directo (y 17 de no omisión). Un ejemplo de los 9 casos de omisión del clítico de objeto indirecto es:

(22) <P. C.> Le dice que a *todos los campesinos* _ da el señor gobierno o sea gobierno unos $10.000 [II, 79, 9].

El bajo grado de omisión del clítico de objeto indirecto puede ser explicado por un factor semántico universal: la jerarquía de animación (cf. Comrie 1989). Los objetos indirectos son participantes que están, junto con el sujeto, más implicados en la acción y por lo tanto los referentes serán más frecuentemente humanos que los de los objetos directos. Ese «peso» relativo se refleja aquí en el uso más frecuente del clítico. Por otro lado no hay una relación directa entre la animación y el uso del clítico, ya que el número de omisiones del objeto indirecto sigue siendo considerable.

El resto de este apartado está dedicado a la omisión del clítico de objeto directo. Consideremos primero los casos del tipo A, en los que el objeto directo preverbal se deja de repetir por medio del clítico, de los cuales (23) es un ejemplo representativo:

(23) <Sra. de J. C.> Y a *esa bonita* [bolsa] digo que _ lleve en ciento ochenta en doscientos ya es mucho pagar [III, 25, 30].

Por otro lado, algunos de los ejemplos son de tal índole que resulta dudoso hablar de omisión propiamente dicha, ya que hay bastantes casos en los que el objeto directo antepuesto es indeterminado o no tiene referente específico; por lo tanto no está siempre claro si se exige la repetición por medio del clítico o no, tal como se aprecia en los siguientes ejemplos:

(24) <Amigo de M. V.> *Una francesa* vimos sí, ¿sí dialoga con las francesas? [III, 115, 0].
(25) <Sra. T.> Ya [a] *toditos* _ llevó a bailar [I, 115, 44].

El caso es obvio en el ejemplo (24), que incluso se volvería extraño si se introdujera un clítico detrás de *francesa*. Con respecto a (25) es difícil determinar si de verdad se trata de un caso de omisión sin más, ya que la omisión del clítico viene condicionada por la omisión de la preposición *a* delante del objeto *toditos*.

Mucho más clara se perfila la situación de la omisión del tipo B, la omisión del clítico de objeto directo anafórico, no sólo por ser dos veces más frecuente.

Cabe señalar que en todos los casos que figuran en el cuadro 3 hay un referente obvio para el objeto directo que no se hace explícito, o sea que están excluidos los usos potencialmente intransitivos de los verbos.[5] Aparte del caso de *gustar*, que no tiene objeto directo, queda vacía la correspondiente casilla sólo en el caso de *pagar*, donde el objeto directo no falta nunca en el corpus.

Los siguientes ejemplos son representativos de los casos de omisión del tipo B:

(26) <Enc.> ¿Alguna vez ha visto usted un accidente así?
<R. G. M.> Sí, phuuu, cuántas veces *he visto* yo [II, 122, 4].
(27) <M. V.> un día [...] sacaron una caja de manteca de ahí y *habían dejado* afuera. [II, 102, 3.5].
(28) <T. H.> Sí, *lleva* no más, señorita Patricia. No, *lleve*, se ha de comer no más. Y eso qué va [I, 94, 3].
(29) <Enc.> Aah. Toda la familia vive aquí, qué bueno.
<T. H.> Si, ha de *conocer*.
<Enc.> Creo que no.
<T. H.> Sí, ha de *conocer*. Sí, *conoce*, no se acuerda [II, 64, 9.5 + 10.5].
(30) <F. P.> Al otro día así mimo a las seis media o siete dizque asomando otro es que si uste que ha comprado la hacienda deste señor. Sí yo *compré* y ahora es mío [III, 58, 0].

Como demuestran estos ejemplos, la omisión de los clíticos depende en primer lugar de factores pragmáticos: se tiende a omitir el clítico de objeto directo cuando el contexto del enunciado o la situación en la que se enuncia son suficientes para la identificación del referente de este objeto. Por otra parte se puede desprender de los datos en el cuadro 3, que hay también ciertos verbos que favorecen la omisión del clítico de objeto directo. Por ejemplo con respecto al verbo *conocer* el número de casos sin objeto directo es relativamente alto, mientras que con otros verbos como p. ej. *ver* y *pagar*, se explicita más frecuentemente el objeto directo. De esta muestra se puede concluir que la omisión del clítico de objeto directo se debe no sólo a factores pragmáticos sino que está también relacionada con la semántica del verbo.

Para excluir la posibilidad teórica de que la ausencia o presencia del clítico estuviera relacionada con una variación del sentido de los verbos en cuestión, estudié los casos de omisión con más detalle, sobre todo los del verbo *comprar*, donde el número absoluto de casos sin complemento explícito es bastante alto,

5 Ejemplos de usos intransitivos son los siguientes:
(i) <F.P.> El patrón no quería *pagar*, entonces [...] [II,19,9]
(ii) <R.G.M.> *Deje* no más. [I,11,9]

para ver si había un cambio de significado cuando se usa sin complemento. Como era de esperar, los datos no comprueban tal variación de significado de *comprar*, o sea que el significado permanece constante en todos los casos. En los demás verbos tampoco encontré una relación sistemática entre la omisión y una posible variación semántica.

3.4. Conclusión

De lo expuesto arriba se puede concluir que los rasgos más característicos del uso de los clíticos del español andino ecuatoriano tal como se observa en el corpus son el leísmo y la omisión del clítico anafórico de objeto directo. En el apartado siguiente realizaré un estudio más detallado de esta última cuestión, relacionándola con la estratificación social.

4. La omisión del clítico anafórico y la estratificación social

En este apartado voy a analizar un fragmento que abarca aproximadamente la quinta parte del corpus. Se trata de las grabaciones de 12 hablantes, categorizados según la capa social a la que pertenecen, es decir por el rasgo si hablan quichua o no. El hecho de que un hablante hable el quichua o no se corresponde directamente con su estatus social. Los que hablan solamente el castellano tienen un estatus social relativamente alto, mientras que los que hablan quichua como primera lengua tienen una posición social relativamente baja (cf. Muysken 1985: 382).

Del grupo bilingüe he elegido siete hablantes, sólo hombres, con edades variables entre 18 y 73 años. Seis hablantes tienen educación primaria, uno no tiene ninguna educación escolar. Del grupo monolingüe he seleccionado cinco hablantes, tres mujeres y dos hombres, con edades entre los 20 y 65 años. Dos personas de este grupo tienen educación secundaria, el resto tiene educación primaria. Estudiaré tanto la frecuencia del uso de los clíticos de ambos grupos, así como la frecuencia de omisión de los clíticos, cuando estos deberían ser empleados. Preveo que los hablantes del grupo bilingüe usan los clíticos con menor frecuencia y que omiten los clíticos más frecuentemente, ya que generalmente tienen menos educación y se encuentran en un ambiente social donde la norma lingüística está menos presente. Además, puede ser que se den transferencias del quichua.

He contado los casos de omisión del objeto directo por verbo, salvo los casos con los verbos *gustar* y *pagar* ya que éste no presenta casos de omisión y aquél no tiene objeto directo. Los resultados están en el cuadro 4.

Cuadro 4: La omisión del objeto directo por los 12 hablantes

verbo	Grupo bilingüe		Grupo monolingüe	
	N	%	N	%
dar	10	25	8	26
decir	17	18	4	7
ver	9	28	2	7
dejar	14	42	10	36
llevar	15	79	7	64
conocer	17	59	5	26
comprar	8	12	2	10
total	90		38	

La base de los porcentajes es el uso total del verbo empleado en el grupo respectivo. Por ejemplo los hablantes del grupo bilingüe emplean cuarenta veces el verbo *dar*, de manera que el grado de omisión es un 25%. Se puede ver en el cuadro que el grupo bilingüe marca con menor frecuencia el objeto directo que el grupo monolingüe, aunque con algunos verbos las diferencias son pequeñas.[6] De esta forma se confirma mi hipótesis: el grupo bilingüe omite con más frecuencia el clítico de objeto directo. Sin embargo, la frecuencia con la que se omite el clítico de objeto directo en el habla del grupo monolingüe es también considerable.

5. Explicaciones

En este apartado se presentarán las explicaciones que puede haber para los fenómenos descritos en los apartados 3 y 4. En general, es probable que tanto el contacto con el quichua como el desarrollo interno del español contribuyan a las características del español andino ecuatoriano. Independientemente de la variación lingüística juegan un papel importante los factores semánticos y pragmáticos. Sin embargo, hay que tener en cuenta que es difícil, y muchas veces imposible, determinar exactamente el impacto que produce en cada uno de estos factores (García 1995: 52).

Echemos primero una mirada al quichua, más específicamente a cómo se marcan los objetos en el quichua. En el quichua del Ecuador:

6 Otro factor que puede haber influido aquí es que el grupo monolingüe estaba compuesto por tres mujeres y dos hombres, mientras el grupo bilingüe estaba compuesto sólo por hombres. En el corpus no había suficientes hombres para el grupo monolingüe, así que no he podido excluir este factor.

(i) no hay marca de objeto para la tercera persona, igual que en las demás variedades del quechua (Cerrón-Palomino 1987: 274),

(ii) no se marca la segunda persona de objeto (Cole 1982: 159),

(iii) en Salcedo no se marca mucho la primera persona de objeto (Muysken, com. pers.),

(iv) no hay diferenciación entre acusativo y dativo en primera persona (Cole 1982: 103-104) por ejemplo.

(31) a. Ku*wa*n — Él *me* da
(31) b. Riku*wa*n — Él *me* ve

Las características (i) — (iii) pueden ser responsables de la omisión de los clíticos en general y explican además el hecho de que entre los bilingües el grado de omisión de los clíticos es más alto que entre los monolingües debido a la interferencia de su lengua materna.

La característica (iv), el que no exista diferencia entre acusativo y dativo en la marca verbal de objeto del quichua, puede ser una de las explicaciones del altísimo grado de leísmo en el español andino ecuatoriano, ya que *le* sirve para la expresión tanto del acusativo como del dativo. Pero probablemente influye también la inexistencia de género gramatical en quichua (Cole 1982: 130).

Lo que queda por explicar es por qué se usa *le* y no *lo*. Un motivo posible es el hecho de que *le* es neutral en cuanto al género; no lleva ninguna distinción de género, contrariamente a *lo*, que indica «no-femenino». No cabe duda que la difusión general del leísmo por todas las clases sociales —incluyendo la así llamada «habla culta»— está relacionada con dicha neutralidad de *le(s).*

Con respecto al por qué de la aceptación general de rasgos lingüísticos debidos a la influencia del sustrato observan García y Otheguy:

> Parece ser el caso que rasgos de origen quechua son características estables del castellano hablado con fluidez por los bilingües de la sierra y fuera de la sierra. Además, hay indicaciones de sobra de que estos rasgos se han difundido a partir de los hablantes bilingües quechua-castellano a los hablantes monolingües del castellano (1983: 121) (traducción mía, C. v. d. E.).[7]

7 «It seems to be the case (...) that traits of Quechua origin are (...) stable characteristics of the fluent Spanish of bilinguals in and out of the sierra. Furthermore, there is every indication that these traits have been diffused from bilingual Quechua-Spanish speakers to monolingual Spanish speakers.» (García y Otheguy 1983: 121).

Según estos autores, la influencia del sustrato quechua es tan grande, que ha tenido efectos en la sintaxis del habla de todos los hablantes, tanto de los bilingües como de los hablantes monolingües del castellano.

La omisión del clítico que duplica el objeto nominal en posición preverbal (i. e. el tipo B1 de redundancia) se debe, por lo menos en parte, a un desarrollo interno del español. Según Granda (1999: 89) el clítico redundante se introdujo gradualmente en el español peninsular del siglo XVI, así que en los siglos XVI a XVIII coexistían las dos construcciones, la construcción con clítico duplicado y la construcción en la que no se duplicaba el clítico. Veamos dos de los numerosos ejemplos extraídos por Granda (1999: 89) de las obras completas de Sta. Teresa:

(32) Esa carta había escrito yo [1578].
(33) [...] a mi hermana María de la Cruz la tengo harto deseo de ver [1574].

Podemos concluir entonces que en este caso juegan un papel importante tanto el quichua como el español, dándose así un caso de convergencia lingüística (Granda 1999: 93).

Independientemente de la variación social e histórica, el uso de los clíticos depende de varios factores semánticos y pragmáticos, que han sido mencionados a lo largo de este artículo. Los factores semánticos son (i) la tendencia a no omitir el clítico de objeto indirecto ya que sus referentes tienden a ser humanos, (ii) el uso redundante frecuente con los verbos *gustar* y *conocer*, (iii) la omisión frecuente del objeto directo con el mismo verbo *conocer* e infrecuente con *ver* y *pagar*. El que un mismo verbo pueda motivar tanto la duplicación del clítico como su omisión parece ser contradictorio, pero no lo es, ya que aquí se da una intersección de un factor semántico —la predictibilidad relativa del referente potencial del objeto de *conocer*— con un factor pragmático —el deseo potencial del hablante de enfocar a ese mismo referente.

Aparte del mencionado deseo del hablante de enfocar o enfatizar al referente del objeto, que puede motivar el uso redundante del clítico (A. M. Escobar 2000: 160-161), hay otro factor pragmático que influye en la presencia u omisión del clítico, que es la prominencia relativa del referente en el contexto lingüístico y/o en la situación extralingüística. Cuando el referente ya es conocido por el oyente, el hablante puede emplear el clítico o lo puede omitir. En tal caso el pronombre clítico puede ser empleado para enfatizar la información conocida o puede ser omitido cuando no se desea enfatizarla.

6. Conclusiones

En la introducción me propuse comparar el español andino ecuatoriano con el español andino peruano, e indagar en qué medida influyen los factores sociales en el español ecuatoriano. En cuanto al leísmo/loísmo, la redundancia y la omisión existen muchas coincidencias, con la diferencia de que el español andino ecuatoriano es leísta. En el análisis del corpus quedan confirmados tanto el leísmo como las coincidencias: por un lado hay muy pocos casos de *lo* y *la*, y por otro se encuentran en el corpus los tipos de redundancia y de omisión tal como están descritos en la literatura. Cabe advertir, sin embargo, que la omisión del clítico resulta ser mucho más característica del español andino ecuatoriano que la redundancia.

Con respecto a los factores sociales vimos que el grupo bilingüe omite con más frecuencia el clítico del objeto directo, aunque la diferencia no es muy grande. La explicación por la omisión del clítico en general puede ser la no marcación de los objetos en el quichua del Ecuador y —parcialmente— el desarrollo histórico del castellano. Además hay factores semánticos y pragmáticos que influyen en la presencia o ausencia de los clíticos.

Bibliografía

ADELAAR, Willem F. H., con Pieter MUYSKEN (2004): *The languages of the Andes*. Cambridge: Cambridge University Press.

CERRÓN-PALOMINO, Rodolfo (1987): *Lingüística quechua*. Cuzco: Centro de Estudios Rurales Andinos «Bartolomé de las Casas».

COLE, Peter (1982): *Imbabura quechua*. Amsterdam: North Holland.

COMRIE, Bernard (1989): *Language universals and linguistic typology*. Second edition. Oxford: Blackwell.

ESCOBAR, Alberto (1978): *Variaciones sociolingüísticas del castellano en el Perú*. Lima: Instituto de Estudios Peruanos.

ESCOBAR, Anna María (2000): *Contacto social y lingüístico. El español en contacto con el quechua en el Perú*. Lima: Pontificia Universidad Católica del Perú, Fondo editorial.

GARCÍA, Erica C. y Ricardo OTHEGUY (1983): «Being polite in Ecuador. Strategy reversal under language contact», en *Lingua*, 61, pp. 103-132.

GARCÍA, Erica C. (1995): «Frecuencia (relativa) de uso como síntoma de estrategias etno-pragmáticas», en Klaus Zimmermann (ed.): *Lenguas en contacto en Hispanoamérica: nuevos enfoques*. Madrid/Frankfurt: Iberoamericana/Vervuert, pp. 51-72.

GODENZZI, Juan Carlos (1986): «Pronombres de objeto directo e indirecto del castellano en Puno» en *Lexis*, 10/2, pp. 187-201.

GRANDA, Germán de (1999): «Origen y mantenimiento de un rasgo sintáctico (o dos) del español andino. La omisión de clíticos preverbales», en Germán de Granda: *Español y lenguas indoamericanas en hispanoamérica: Estructuras, situaciones y transferencias*. Valladolid: Universidad de Valladolid, pp. 85-106.

KANY, Charles E. (1970): *Sintaxis hispanoamericana* [1945]. Madrid: Gredos.

LOZANO, A. G. (1972): «Syntactic borrowing in Spanish from Quechua: the noun phrase», en Rosalia Avalos de Matos (ed.): *XXXIX Congreso internacional de americanistas, Lima, 2-9 de agosto, 1970*, Vol. 5, Lima: Instituto de estudios peruanos, pp. 297-305.

MUYSKEN, Pieter (1985): «Contactos entre quichua y castellano en el Ecuador», en Segundo Moreno Yánez (ed.): *Memorias del primer simposio europeo sobre antropología del Ecuador*. Quito: Abya-Yala, pp. 377-452.

PALACIOS, Azucena (1998): «Santacruz Pachacuti y la falsa pronominalización del español andino», en *Lexis*, 22/2, pp. 119-146.

POZZI-ESCOT, Inés (1972): «El castellano en el Perú: norma culta nacional versus norma culta regional» en Alberto Escobar (ed.): *El reto del multilingüismo en el Perú*. Lima: Instituto de estudios peruanos, pp. 125-142.

TOSCANO MATEUS, Humberto (1953): *El español en el Ecuador*. Madrid: C.S.I.C, (*Revista de Filología Española*, Anejo 61).

DIZQUE EN EL ESPAÑOL ANDINO ECUATORIANO: CONSERVADOR E INNOVADOR

HELLA OLBERTZ
Universidad de Amsterdam

1. Introducción

Uno de los rasgos más notables del español hablado en las zonas rurales de los Andes ecuatorianos es el uso frecuente de la palabra *dizque*.[1] Se trata de una expresión heredada del español antiguo, que ha caído en desuso en España, pero que sigue usándose en algunas zonas de América (Kany 1944). El uso de *dizque* en el siguiente ejemplo es análogo al del español antiguo:

(1) Hasta un año, hasta... hasta un año y medio *dizque* trabajan así por día (BQ 9a, 7).[2]

Sin embargo, también hay usos innovadores, en los que frecuentemente no se observan las reglas normativas del español antiguo ni las del español actual:

(2) ellos no *dizque* saben ni cuándo es de día, ni cuándo es de noche (BQ 13a, 2).[3]

En el presente estudio me dedico a describir y explicar los usos de *dizque* a partir de un corpus de 32 horas de habla informal y espontánea grabado por Pieter

---

1 Agradezco a Pieter Muysken sus valiosas sugerencias sobre cómo solucionar el presente enigma, y a Ysolde Bentvelsen, Cecile van der Ent y Pilar Rodríguez sus útiles comentarios a una versión anterior de este artículo. Todos los errores de forma y de contenido que queden son, desde luego, míos.

2 Este ejemplo proviene del corpus de Salcedo; el código en mayúscula indica el grupo social, el código alfanumérico que sigue consiste en el número y la cara de la cinta, y detrás de la coma se indica la página en la transcripción de la grabación.

3 Según la gramática normativa, la partícula *no* precede inmediatamente al verbo finito (o a los pronombres en posición proclítica). Así que *no* debería seguir a *dizque*, tal como ocurre en el siguiente ejemplo mexicano:
(i) por una leche que *dizque* no era leche era agua de horchata (Sesión pública ordinaria de la Honorable Cámara de Senadores, celebrada el lunes 29 de marzo de 1999, cit. por CREA).

Muysken en 1978 en Salcedo, una pequeña ciudad en la provincia de Cotopaxi (en adelante «corpus de Salcedo») (cf. Muysken 1984: 106-107 y 1985: 380-382, para más detalles). He subclasificado a los informantes en (i) bilingües con predominio del quichua (BQ), (ii) bilingües con predominio del español (BE), (iii) monolingües en español de clase baja (peones, obreros, vendedores) (M1) y (iv) monolingües en español de clase media (comerciantes, funcionarios) (M2). Para la presente investigación voy a usar solamente los fragmentos del corpus cuyos hablantes se pueden agrupar de manera inequívoca en esas cuatro categorías. Adicionalmente, me valgo de los *corpora* publicados en la red por la Real Academia Española, *Corpus de Referencia del Español Actual* (CREA), que contiene datos del mundo hispanohablante a partir de 1982, y *Corpus Diacrónico del Español* (CORDE).

El objetivo de este artículo es llegar a una explicación de las peculiaridades sintácticas y semánticas del uso de *dizque* relacionándolas con el contexto social en el que se emplea. En el apartado 2, que sigue a esta introducción, me voy a detener en los aspectos históricos, sociales y lingüísticos del uso de *dizque*, para, en el apartado 3, explorar unas construcciones semánticamente similares en el sustrato quichua. El apartado 4 está dedicado a la explicación del uso de *dizque* en base a los datos presentados en dos apartados anteriores, y el apartado 5 a las conclusiones.

2. El uso de *dizque* en el español andino ecuatoriano

Este apartado está dedicado a las distintas facetas del uso de *dizque* en el español andino del Ecuador. Primero voy a considerar la relación del uso moderno con los antecedentes históricos (2.1), después voy a examinar quiénes son los hablantes que más usan *dizque* (2.2), y voy a terminar este apartado considerando los contextos lingüísticos en los que *dizque* suele presentarse (2.3).

2.1. Aspectos históricos

En su descripción del uso de *dizque* Toscano Mateus (1953: 296-298) concluye que en el Ecuador *dizque* ha sufrido un cambio semántico gradual de su sentido original en tres fases:

> «*dizque* (= dicen que > dijo que, dices que, etc.) > algo que dice otro o que dicen otros, y, por tanto, algo de cuya realidad no se responde > falsedad, irrealidad, suposición, ironía» (Toscano Mateus 1953: 298).

Sin embargo se encuentran ya en el español del siglo XVI ejemplos que se corresponden a cada una de estas acepciones. En el ejemplo (3) *dizque* equivale a «dicen que», y su empleo no implica ningún matiz de duda por parte del hablante.

(3) Mas dizen los agricultores que despues de auer segado dexen estar los manojos enel [*sic*] suelo dos o tres dias por que *dizque* engorda mas el grano (Gabriel Alonso de Herrera, *Obra agricultura* [Alcalá 1513], cit. por CORDE).

En el siguiente ejemplo *dizque* figura en el contexto de la descripción de un evento no presenciado por el mismo autor y parece que el autor usa *dizque* para indicar que no se quiere comprometer a la veracidad de lo descrito:

(4) Entre los presos que allí tomaron, fue un hermano del mismo señor, y otros —no sé cuántos— que *dizque* andaban vestidos de hábito de mujeres (Fray Bartolomé de las Casas, *Historia de las Indias* [1527-1561], cit. por CORDE).

En el ejemplo (5) el significado de *dizque* no está relacionado directamente con el de *decir*, sino que se podría parafrasear más adecuadamente por *al parecer* o algo por el estilo, y como tal se corresponde a una de las acepciones atribuidas a la tercera fase del desarrollo descrito por Toscano Mateus:

(5) ELICIA: [...] Pues como ellos viniesen cansados una mañana de acompañar a su amo toda la noche, muy airados de no sé qué cuestiones que *dizque* habían habido, pidieron su parte a Celestina de la cadena para remediarse (Fernando de Rojas, *La Celestina* [1499-1502], cit. por CORDE).

El hecho de que todos estos ejemplos sean del español del siglo XVI indica que el desarrollo semántico hipotetizado por Toscano Mateus (1953: 298) no es específico del español ecuatoriano moderno. Es dudoso, además, si de verdad ha habido tal desarrollo: el mero hecho de que una persona considere necesario indicar que la información que proporciona es de segunda mano, siempre se puede interpretar como falta de compromiso a la veracidad de esta información; esto a su vez, puede implicar, aunque no necesariamente, que el hablante en efecto duda que lo que cuenta se corresponda a la verdad. Los ejemplos (6)-(8) del habla serrana ecuatoriana son análogos a (3)-(5):

(6) «Bueno patrón», *dizque* «ya, yo yo soy bien, bien educado que siempre tengo que respetar a mi patrón que por qué he de tratar mal» (BQ 10a, 3).

(7) Entonces se dedican a tomar, por ejemplo en un matrimonio de ellos *dizque* duran las fiestas 8 días, todos los 8 días ellos toman, en cambio en nosotros no existe esa costumbre (M1 20a, 7).

(8) Después hay que pagar al banco. El interés *dizque* es, pero no *dizque* es mucho; poco *dizque* es el interés (BQ 9a, 8).

En el ejemplo (6) *dizque* equivale a «dice que». En (7) y (8) el uso de *dizque* indica que la información presentada es de segunda mano. Se puede desprender del contexto de (7) que el hablante no duda de la veracidad de lo que cuenta, ya que la segunda parte del enunciado presupone la veracidad de la primera: carecería de sentido comparar las costumbres propias con las ajenas si se dudara de la autenticidad de la descripción de éstas. En (8) en cambio, es posible que el hablante dude si de verdad es poco el interés que hay que pagar al banco.

Aparte del uso de *dizque* arriba descrito, Toscano Mateus observa que en muchos casos «es una palabra absolutamente ociosa [...] El uso frecuente engendra las repeticiones *dizque dicen, dicen que dizque*» (1953: 298). Un ejemplo ilustrativo de ese uso «redundante» de *dizque* es el siguiente:

(9) Entonces *dizque* dice «bueno con estos sombreros me voy a Guaranda a vender» (BE 12a, 1).

Mientras que la retención de la misma palabra y sus usos ilustrados por los ejemplos (6)-(8), forman un rasgo conservador del lenguaje, el uso «redundante» de *dizque* tal como lo ilustra el ejemplo (9), es una innovación específica del español andino.

2.2. Aspectos sociolingüísticos

En el Ecuador se usa aparte de *dizque* la variante *desque*, cuyo origen se ha atribuido a la confusión de *dizque* con la expresión focalizadora *es que* (Kany 1944: 169-170). Efectivamente hay usos de *es que* sintácticamente paralelos a dizque,[4] pero es probable que éstos tengan otra función (Muysken, pers. com.). Con respecto al origen de *desque*, hay otra explicación más obvia, según la cual *desque* es el resultado de una pronunciación hipercorrecta de *dizque*, en la que se recompensa la falta de las vocales medias /e/ y /o/ en el quichua. Como siempre ocurre en los casos de hipercorrección, la variante *desque* está altamente estigmatizada, característica, según Toscano Mateus del «vulgo rural» (1953: 296). Efectivamente se encuentran tanto *dizque* como *desque* en el corpus de Salcedo:

(10) El sobrino no *dizque* dentra. A la puerta no más *dizque* está parado (BQ 9b, 4).

---

4 En el corpus de Salcedo se encuentran bastantes ejemplos en los que *es que* ocupa el mismo lugar en la oración como *dizque* (cf. apartado 2.3):

(i) Nunca *es que* venía este hermano rico porque el otro era pobre (BQ 24a, 7).

(11) *Desque* era una hacienda bien grande que *desque* para rodear esa hacienda *desque* demoraba dos meses, bien grande (BQ 24a, 6).

En el corpus *desque* es bastante menos frecuente que *dizque*: del total de 730 casos hay sólo 52 de *desque* (*vs.* 678 de *dizque*), 42 de los cuales ocurren en los textos de los bilingües con predominio quichua. Estas relaciones numéricas demuestran que efectivamente es muy probable que *desque* sea una variedad hipercorrecta de *dizque.* Como la variación entre *dizque* y *desque* no es de relevancia central para este estudio voy a emplear «*dizque*» de aquí en adelante para referirme a las dos.

No sólo la variación entre *dizque* y *desque*, sino también el uso de *dizque* en su totalidad parece estar socialmente marcado. En el cuadro 1 se presenta la frecuencia del uso de *dizque* en relación con la agrupación sociolingüística de los hablantes.

Cuadro 1: La distribución social del uso de *dizque*

	palabras	casos	‰
Bilingües predominio quichua (BQ)	39.822	525	13,2
Bilingües predominio español (BE)	28.446	172	6,0
Monolingües clase baja (M1)	39.952	33	0,8
Monolingües clase media (M2)	28.067	0	0
Total	136.287	730	5,4

En la primera columna se presenta el número de palabras grabadas por grupo, en la segunda la frecuencia absoluta de *dizque* y en la última la frecuencia de *dizque* por 1.000 palabras. Como se puede desprender de este cuadro, el uso de *dizque* es dos veces más frecuente en el habla de los bilingües con predominio quichua que en el de los bilingües predominantemente hispanohablantes, quienes, a su vez, lo usan más de siete veces más que los monolingües de clase baja.[5] Aunque estos datos parecen ser convincentes, la situación es menos simple de lo que parece, porque el uso de *dizque* depende además del tipo de texto. En principio, el corpus contiene tres tipos de textos: (i) textos narrativos, i. e. cuentos tradicionales ficticios de transmisión oral, contados en tercera persona, (ii) conversaciones informales e historias de la vida personal de algún informante y (iii) noticias y publicidad de la radio regional (incluidas en la catego-

5 Estos datos confirman las observaciones de Kany (1944), quien afirma que *dizque* se usa en Latinoamérica sobre todo en el habla popular y rural, aunque concede que ocurre «in some areas even in cultured speech» (1944: 168), lo cual queda ilustrado por el ejemplo mexicano citado anteriormente en la nota 3.

ría M2). La mayor frecuencia de *dizque* se encuentra en las narraciones; hay muchísimo menos casos en las conversaciones y —como es obvio dados los datos sobre M2 en el cuadro 1— no hay ningún caso en las emisiones de radio. En el cuadro 2 se relaciona el uso de *dizque* con el tipo de texto y la agrupación lingüística y social de los hablantes:

Cuadro 2: La distribución del uso de *dizque* según tipo de texto y clase de hablantes

	+ narrativo		– narrativo		total	
BQ	367/11.969	30,7 ‰	158/27.853	5,7 ‰	525/39.822	13,2 ‰
BE	136/6.033	22,5 ‰	36/22.413	1,6 ‰	172/28.446	6,0 ‰
M1	12/345	34,8 ‰	21/39.607	0,5 ‰	33/39.952	0,8 ‰
total	515/18.347	28,1 ‰	215/89.873	2,4 ‰	730/108.220	6,8 ‰

En el lado izquierdo de cada columna se representa el número de casos relacionado con el número de palabras, mientras que en el lado derecho se representa el número de casos por mil palabras. Con la excepción del renglón de los totales, la información dada en la última columna del cuadro 2 es igual a los datos presentados en el cuadro 1. Se puede ver en la primera columna que el número de palabras narrativas decrece drásticamente según se sube en la escala social. Por esto el número total de instancias de *dizque* es poco significativo para la distribución social. Lo que sí es significativo es la frecuencia con que se usa *dizque* en los contextos no narrativos. Como se puede desprender de la segunda columna del cuadro 2, la frecuencia por mil palabras es relativamente alta en el habla de los bilingües con predominio quichua, es bastante menor en la de los bilingües con predominio castellano, y es baja en el habla de los monolingües de clase baja. Como ya vimos en el cuadro 1, *dizque* no se da en los textos de los monolingües de clase media (M2), por lo cual he excluido a este grupo del cuadro 2. Lo que se puede concluir de estas frecuencias, es que el uso de *dizque* en principio es un fenómeno del español bilingüe, que se ha contagiado de manera restringida al español monolingüe hablado en la misma zona.

2.3. Aspectos lingüísticos

En este apartado voy a detenerme en el contexto lingüístico —tanto léxico como sintáctico— en el que ocurre *dizque*. Voy a empezar con la colocación de *dizque*, es decir al contexto léxico en el que suele aparecer, porque esto es lo que más llama la atención. Después, en el apartado 2.3.2, voy a tratar las propiedades sintácticas.

2.3.1. Propiedades léxicas

Además de su frecuencia absoluta, la propiedad más llamativa del uso de *dizque* es su concurrencia frecuente con un número reducido de verbos:

(12) entrando a la hacienda *dizque* pregunta cuál es el patrón (BE 12a, 4).
(13) si no me perdonas mátame que quiero morir en tus manos *dizque* dice (BE 12a, 4).
(14) el patrón *dizque* dijo «almuerza la perra, almuerzas vos. Y sale la perra almorzando, te vas» (BQ 10a, 2).

Dizque se combina frecuentemente con un verbo de comunicación, como *preguntar* en el ejemplo (12) o el mismo *decir* en los ejemplos (13) y (14). De hecho, *decir* es el verbo que más concurre con *dizque*: de los 515 casos de *dizque* en las narraciones (cf. Cuadro 2), 287 están seguidos inmediatamente por una forma de *decir*, mientras que hay sólo 19 casos seguidos por una forma de *preguntar*, *contar*, *saludar* u otro verbo de comunicación; más frecuentemente ocurren las formas *dice* (181 casos) y *dijo* (63 casos):

(15) *Dizque* dice, «vea usted, camine dos días, de noche, camina dos días. La primer noche usted duerma en cualquier parte. Pero la segunda noche va encontrar una, un hueco grande, que es una cueva grande. Ay, ahí está cajones de plata pero que hay, este es lindas. Ahí hay lo que quiera plata» (BE 11b, 5).
(16) «Patrón se enoja conmigo» *dizque* dijo él (BQ 10a, 3).
(17) «(...) entonces que, que asome, que asome dé llamando» *dizque* dijo «dé llamando al patrón» (BE 12a, 4).

En todos los casos *dizque* + *decir* aparece en el contexto inmediato de discurso directo, como en (15), donde sirve para introducir el discurso directo, o en (16) donde aparece al final del discurso directo, o en (17) donde se introduce *dizque dijo* en la mitad de un fragmento de discurso directo. Otro dato importante es que el verbo *decir* sin *dizque* en el contexto del discurso directo ocurre nada más que 86 veces. De la relación entre la frecuencia de 86 de *decir* y la de 287 de *dizque decir* concluyo tentativamente que hay una tendencia hacia la obligatoriedad de *dizque* con *decir* en el contexto de discurso directo en textos narrativos.

2.3.2. Propiedades sintácticas

En este apartado voy a considerar el contexto sintáctico en que aparece *dizque*, o sea (i) su posición relativa en la oración, (ii) su posición absoluta en la oración y (iii) su posición con respecto a la negación. Para evitar que la colocación con *decir* descrita en el apartado anterior influya en los resultados a obtener aquí, me voy a ocupar aquí solamente de los usos de *dizque* fuera del contexto de los verbos de comunicación.

Con respecto al material lingüístico que sigue a *dizque* se puede observar una clara sistematicidad:

(18) Ellos que están dormiendo a las doce de la noche, ahí *dizque* canta e gallo (BQ 9b, 7).

(19) entonces *dizque* le lleva a un cuarto, *dizque* le lleva a un cuarto para, para mostrar a ver, cuál de los costales de plata quería llevar (BE 12a, 3).

En los dos ejemplos *dizque* está seguido por un verbo, o bien un verbo más el pronombre clítico. Estos ejemplos son típicos del uso de *dizque* en todo el corpus de Salcedo, tanto en las narraciones como en las conversaciones, ya que en 316 de los 371 casos de *dizque* fuera del contexto de citas, el elemento que sigue a *dizque* es un verbo. Resulta que, en este sentido, el uso de *dizque* es más uniforme en el español andino que en el español del siglo XVI, donde el orden *dizque* + V se da sólo en 14 de los 24 casos que encontré en CORDE. Desde el punto de vista sincrónico el uso considerado aquí también es atípico: en los textos modernos mexicanos y colombianos, donde *dizque* se emplea frecuentemente en todos los niveles estilísticos y sociales, son muy variados los contextos gramaticales en los que figura *dizque*, y es poco frecuente la combinación *dizque* + V.[6]

Con respecto a la posición absoluta de *dizque* en la oración, resulta que también es claramente sistemática. He analizado un total de 328 casos de *dizque*, en los que *dizque* (i) no concurre con *decir* u otro verbo de comunicación y (ii) tampoco equivale a *dice(n) que*. Los resultados se pueden desprender del cuadro 3, donde se indica la posición de *dizque* en la oración.

Cuadro 3: La posición de *dizque* (fuera del contexto de la comunicación) en la oración

	BQ		BE		M1		total	
posición 1	33	14,4 %	13	16,5 %	6	30 %	52	15,9 %
posición 2	138	60,2 %	46	58,2 %	12	60 %	196	59,8 %
posición 3	35	15,3 %	10	12,7 %	–	–	45	13,4 %
posición ≥ 4	10	4,4 %	2	2,5 %	–	–	11	3,3 %
subordinada	2	0,9 %	5	6,3 %	2	10 %	10	3,3 %
dudoso	11	4,8 %	3	3,8 %	–	–	14	4,3 %
total	229	100 %	79	100 %	20	100 %	328	100 %

6 En CREA encontré 37 casos colombianos y 138 mexicanos. En el corpus columbiano *dizque* viene seguido por un verbo en 10 de los 37 casos, mientras que entre los 138 casos mexicanos, hay sólo 27 casos de *dizque* + V.

En el lado izquierdo de cada columna se presentan los números absolutos de casos, mientras que en el lado derecho se presentan los porcentajes calculados en base al total de casos. En el parámetro vertical, «posición 1» a «posición $\geq$ 4» se refieren a la posición de *dizque* en la oración principal, al contrario de «subordinada»; la etiqueta «dudoso» se refiere a los casos incomprensibles o difíciles de interpretar. Como se ve, *dizque* ocupa la segunda posición en la cláusula principal en la mayoría absoluta de los casos en todas las variantes. Considérense unos ejemplos:

(20) Hasta un año, hasta... hasta un año y medio *dizque* trabajan así por día (BQ 9a, 7).
(21) Con esa perra *dizque* se iba a trabajar (BQ 10a, 2).
(22) el Chimborazo *desque* ha sido desque asoma así (BQ 24a, 7).
(23) Sí, bastante vitamina *dizque* tiene (BQ 9a, 5).

El constituyente que precede a *dizque* típicamente es una expresión adverbial, como en los ejemplos (20) y (21), algo menos frecuentemente es el sujeto como en (22) y —exclusivamente en los textos de los bilingües con predominio quichua— algunas veces el objeto (23) o el predicado.[7] En el ejemplo (24) *dizque* ocupa la tercera posición, precedido por un adverbio y el sujeto, y en (25) la primera:

(24) Entonces él *dizque* avanza a ver que éste era el señor que me trajo con sombreros (BE 12a, 2).
(25) *Dizque* asuma un poco de niebla (BQ 15a, 2).

Sólo muy incidentalmente *dizque* se encuentra en otra posición en la cláusula principal o en una subordinada como en el ejemplo (26):

(26) era una hacienda bien grande que *desque* para rodear esa hacienda (...) demoraba dos meses, bien grande (BQ 24a, 6).

Hay aún otro fenómeno sintáctico que llama la atención: la posición de la partícula *no* en contextos negativos, ya mencionada en la introducción a este artículo. Considérese el ejemplo (27), con la variante (27a.), que se corresponde con las reglas del español general, según las cuales la partícula de negación se encuentra en posición proclítica con respecto al verbo finito:

7 De los 196 casos en los que *dizque* ocupa la segunda posición, el primer constituyente es una expresión adverbial en 118 casos, el sujeto en 54 casos, el objeto en 12 casos y el predicado en 10 casos. El orden OV, ilustrado por el ejemplo (23), se puede deber a la interferencia del orden SOV del quichua.

(27) No *dizque* podían pagar nadie, nadie (BE 12a, 3).
a. *Dizque* no podían pagar nadie, nadie.

Efectivamente en todos los 13 casos en que *dizque* ocurre en un contexto negativo, el orden de los elementos es tal como queda ilustrado en (27): *no dizque* + V.

Antes de proceder a explicar las propiedades léxicas y sintácticas descritas aquí, pasemos ahora a considerar el quichua, lengua principal de los hablantes que más usan *dizque.*

3. Construcciones similares en quichua

En el presente apartado voy a considerar unas construcciones funcionalmente similares al uso de *dizque* en quichua, para ver hasta qué punto pueden servir para explicar las particularidades del uso de *dizque* arriba presentado. Primero voy a estudiar las expresiones de evidencialidad reportativa (3.1), luego voy a estudiar la expresión de verbos de comunicación en el contexto del discurso citado (3.2), y al final me voy a detener en el uso de la negación con estas expresiones (3.3).

3.1. Expresión gramatical y léxica de la evidencialidad reportativa

El quichua comparte con los demás dialectos quechuas un sistema validacional o evidencial tripartito, realizado en quichua por los sufijos independientes *-shi* (reportativo), *-mi* (aseverativo), y *-cha(ri)* (conjetural) (Muysken 1977: 27; Cole 1982: 163-165; Cerrón-Palomino 1987: 266-267). Mientras que la cuestión de cómo interpretar la semántica de *-mi* ha dado lugar a mucha discusión entre los estudiosos del quechua, existe un acuerdo general de que *-shi* es un marcador de evidencialidad reportativa, cuya traducción más adecuada al castellano andino es «dizque».[8] El que sea morfema independiente, implica que *-shi* se puede añadir tanto a verbos como a sustantivos, dependiendo de cuál de los constituyentes se desee modificar. Como efecto colateral, *-shi* u otro morfema validador / evidencial sirve para enfocar el constituyente modificado (Cole 1982: 95-96, 165).

8 Por un lado está la posición según la cual *-mi* sirve para indicar que el hablante ha presenciado los eventos que describe, es decir que tiene valor de evidencialidad directa defendida por p. ej. Weber (1989: 421-424), por otro lado está la posición según la cual *-mi* indica que el hablante se compromete a la veracidad de los hechos descritos, independientemente de dónde venga su conocimiento de esos hechos (Adelaar 1997). Un argumento a favor de la posición de Adelaar es la no obligatoriedad de ambas partículas.

(28) kayna-shi shamu-rka (Muysken 1977: 27)[9]
ayer-REP venir-PS
«ayer dizque vino»

(29) kayna shamu-rka-shi (Muysken 1977: 27)
ayer venir-PS-REP
«vino dizque ayer»

La posición menos marcada de *-shi* es la que viene ejemplificada en (28), detrás del primer constituyente (Catta Q., [1984] 1996: 193; cf. también Coombs *et al.* 1976: 150).[10]

Obsérvese que el uso de los morfemas validadores y evidenciales está restringido a la cláusula principal (Cole 1982: 165-166), o sea que su uso en la cláusula subordinada sería agramatical:

(30) *kwitsa-ta juva-ni Juan-wa-mi tushu-shka ka-shka-ta (Cole 1982: 166)
chica-AC amar-1S Juan-con-AF bailar-NOM ser-NOM-AC
«quiero a la chica con la que baila Juan»

También es relevante para el presente contexto notar que el uso de los morfemas de validación y evidencialidad no es un automatismo gramatical: un hablante puede presentar cualquier información de primera o de segunda mano sin marcarla como tal (Muysken 1977: 28).

En el quichua del Ecuador y también en otras variedades (cf. Granda 2002) hay además una cierta tendencia a usar *nin*, la tercera persona del presente del verbo *ni-* «decir» para expresar la función reportativa de *-shi* (Cole 1982: 13-14; Taylor 1997: 266):

(31) wagra-ta shuwa-rka-ngui ni-n (Cole 1982: 13)
vaca-AC robar-PS-2 decir-3
«robaste dizque la vaca»

Parece que este uso de *nin* es un calco literal del castellano *dicen* (Taylor 1996: 265), que a su vez se debe probablemente al uso frecuente de *dizque* en el español de contacto.

9 Las abreviaturas usadas en las traducciones de interlínea son las siguientes: AC = acusativo; AF = validación afirmativa; AL = alativo; CAUS = causativo; FUT = futuro; GER = gerundio; INC = incoativo; INSTR = instrumental; INTERR = interrogativo; LOC = locativo; NEG = negación; OBJ = objeto; PERF = perfecto; PS = pasado; REP = reportativo; S = singular; TOP = tópico; 1, 2, 3 = primera, segunda, tercera persona.

10 El quechua de San Martín, descrito en la gramática de Coombs et al. (1976), es la variedad del quechua peruano que más se parece al quichua ecuatoriano.

3.2. Marca de citas

En quichua no hay diferencia formal entre discurso directo o indirecto; dicho de otra manera, la representación del discurso citado en quichua suele ser formalmente análoga a lo que en castellano es el discurso directo. Así que el siguiente ejemplo quichua tiene dos posibles equivalentes en castellano:

(32)	Pay	Kitu-pi	kawsa-ni	ni-n (Cole 1982: 13)
	él	Quito-LOC	vivir-1	decir-3
	a.	«Dice: 'Vivo en Quito'»		
	b.	«Dice que vive en Quito»		

El quichua, tanto como otras variedades del quechua, tiene el rasgo peculiar de admitir, como verbo de contacto sintáctico directo con el enunciado citado, únicamente al verbo *ni-* «decir» (Adelaar 1990: 2). Cuando el verbo finito de comunicación no es *ni-*, es obligatorio insertar una marca de citas, *nishpa*, que precede al verbo finito de comunicación. La palabra *nishpa* consiste en la raíz *ni-* más el morfema subordinador *-shpa*, similar a *-ndo* del gerundio español. En el siguiente ejemplo *nishpa* establece el contacto entre la pregunta citada y el verbo *tapu-* «preguntar»:

(33)	ñuka	wawki-ta	riku-rka-ngui-chu	ni-shpatapu-wa-rka (Cole 1982: 13)
	mi	hermano-AC	ver-PS-2-INTERR	decir-GER preguntar-1OBJ-PASADO
	a. «'Viste a mi hermano?' me preguntó (diciendo)»			
	b. «Me preguntó (diciendo) si había visto a su hermano»			

La perífrasis *nishpa* + V también se puede dar, aunque no obligatoriamente, con el mismo verbo *ni-*, que desde luego es el verbo de comunicación más frecuente. El ejemplo que sigue procede de un corpus del quichua recopilado por Jorge Gómez Rendón (pers. com.):

(34)	muyu-ta	mashka-kri	ni-shpa	ni-n	waiku-man
	semilla-AC	buscar-INC-3	decir-GER	decir-3	quebrada-AL
	«dice (diciendo) que va a buscar la semilla a la quebrada» [11]				

El que no se trate de un fenómeno reciente ilustra el siguiente ejemplo procedente de un manuscrito peruano de principios del siglo XVIII:

11 Más ejemplos de este fenómeno, citados de un corpus quicha recopilado en la provincia de Cotopaxi, se encuentran en el estudio de Haboud (este volumen).

(35)	chay	uk	wakcha-wan	tinki-chi-sak	ñi-spa	ñi-n (Adelaar 1990: 7)
	este	uno	pobre-INSTR	unirse-CAUS-1S.FUT	decir-GER	decir-3S

«'La voy a casar con este pobre' dice (diciendo)»

Aunque el uso de *nishpa* con los verbos de comunicación a primera vista no parece estar relacionado directamente con la evidencialidad reportativa expresada por *-shi* y por *nin*, existe una clara relación semántica: los marcadores de evidencialidad reportativa indican que el hablante se basa en información de segunda mano, que puede ser cierta o no; análogamente la marca de citas indica que el enunciado presentado es de segunda mano, o sea una cita, que puede ser una copia exacta del enunciado original o no. La diferencia crucial entre las dos categorías es que la marca de citas es obligatoria (fuera del contexto de *ni-*), mientras que la expresión de evidencialidad reportativa no lo es.

3.3. La negación

Consideremos ahora la negación con las expresiones de evidencialidad reportativa quichuas, para ver si existe una analogía en quichua con la posición de la negación con *dizque* señalada en el apartado 2.3.2. Considérese el siguiente ejemplo, más la variante negativa (36a.) construida:

(36)	wallpa-da-shi	suwa-shka (Muysken 1985: 391)
	gallina-AC-REP	robar-PERF

«dizque has robado la gallina»

a.	mana-shi	wallpa-da	suwa-shka-chu (Muysken, com. pers.)
	no-REP	gallina-AC	robar-PERF-NEG

«no dizque has robado la gallina»

La negación en quichua se efectúa por medio de la palabra independiente *mana* y el morfema independiente *-chu*, que indica el final del alcance de la negación. Igual que los morfemas independientes evidenciales, *-chu* no es obligatorio y puede aparecer solamente en la oración principal. La posición de *mana* y de *-chu* depende de lo que se desee negar (Cole 1982: 84-87). En la negación menos marcada de este ejemplo el marcador evidencial *-shi* ocupa la segunda posición, o sea que sigue directamente a *mana*. Pero también es posible la negación en la que *-shi* mantiene la posición de (36), detrás del objeto:

(36)	b. mana	wallpa-da-shi	suwa-shka-chu (Gómez Rendón, com. pers.)
	no	gallina-AC-REP	robar-PERF-NEG

«no dizque has robado la gallina»

Cuando la evidencialidad reportativa se expresa por medio de *nin,* la situación es distinta, porque no hay modo de que la negación afecte a *nin*. Consideremos el ejemplo (37) con las variantes (37a.) y (37b.) construidas:

(37)	Kitu-pi	kawsa-n	ni-n (Cole 1982: 13)
	Quito-LOC	vivir-3	decir-3

«Dizque vive en Quito»

a.	Mana	kitu-pi	kawsa-n-chu	ni-n
	no	Quito-LOC	vivir-3-NEG	decir-3

«No dizque vive en Quito»

b.	*Mana	kitu-pi	kawsa-n	ni-n-chu
	no	Quito-LOC	vivir-3	decir-3-NEG

(Muysken, com. pers.; Gómez Rendón, com. pers.)

Las variantes (37a.) y (37b.) demuestran que el morfema negativo *-chu*, que indica el final del alcance de la negación, no puede seguir a *nin*, porque *nin* forma un núcleo verbal independiente. Así que cuando se niega un constituyente modificado con *-shi*, la negación incluye a *-shi*, pero cuando se niega un constituyente modificado con *nin*, la negación no puede incluir a *nin*. Esto significa que no existe una analogía estructural completa entre *dizque* + V y las construcciones reportativas quichuas con respecto a la negación.

La marca de citas no ocurre con la negación: no he encontrado ningún ejemplo de *nishpa* + V con negación, ni tampoco hay casos de *dizque* de este tipo en el corpus español. Esto no es de asombrar, pues sería extraño citar lo que dice alguna persona y a la vez negar que lo diga.

4. Análisis

En este apartado voy a usar los datos lingüísticos quichuas presentados en el apartado 3 para explicar las particularidades del uso de *dizque* descritas en el apartado 2.

La retención de *dizque* del español antiguo en el español bilingüe obviamente se debe a la necesidad sentida por los hablantes bilingües de poder especificar la fuente de la información, igual que en la lengua materna.[12] Aunque estructu-

12 Aikhenvald (2002: 315-316) observa un fenómeno paralelo en el portugués en contacto con las lenguas amazónicas tariana y baniwa: los bilingües emplean *diz que* para expresar la evidencialidad reportativa, gramaticalizada en esas lenguas indígenas.

ralmente distinto del morfema enclítico *-shi*, *dizque* se comporta de un modo sintácticamente similar a *-shi* cuando se usa como marcador reportativo: la posición preferida detrás del primer constituyente y el uso (casi) exclusivo en la oración principal.

Paralelamente *dizque* ha llegado a desempeñar la función de marca de citas, expresada en quichua por la construcción de *nishpa* + V, lo cual explica la colocación frecuentísima de *dizque* con el verbo *decir* en los textos narrativos. Cabe preguntarse en este contexto por qué no se ha recurrido para esta función al gerundio *diciendo*, estructuralmente análogo a *nishpa*.[13] La explicación más probable tiene una cara sintáctica y otra semántica. Con respecto a la sintaxis cabe observar que la analogía estructural entre *nishpa* y *diciendo* es limitada: la posición de *nishpa* es preverbal, mientras que la posición no marcada del gerundio en español es posverbal. Con respecto a la semántica ya vimos que la evidencialidad reportativa y la marca de citas están muy cercanas entre sí, ya que la función de ambas, esencialmente, consiste en marcar la información de segunda mano. Dado que en el español existe una marca para la información de segunda mano, *dizque*, una forma léxica con posición preverbal y, como tal, fácil de aprender,[14] no es de extrañar que se recurra a esta expresión para ambas funciones. O sea que en vez de introducir una forma nueva para expresar el sentido nuevo, se amplía la semántica de la forma existente con sentido parecido para llegar al mismo resultado, la expresión del sentido nuevo.

Pasemos ahora a considerar el por qué de las demás propiedades sintácticas de *dizque* reportativo presentadas en el apartado 2.3.2, a saber (i) su posición casi siempre inmediatamente preverbal y (ii) la posición de la partícula *no* delante de *dizque*. Aquí no existe una relación directa con la estructura del quichua, ya que la posición de *-shi* reportativo relativa al verbo es libre, y la negación, aunque suele preceder a *-shi*, no afecta a *nin* en la construcción reportativa innovadora. Por lo tanto debemos buscar la explicación de estos hechos en la estructura sintáctica del español.

Consideremos primero la posición de *dizque* casi siempre directamente delante del verbo, que forma la generalización de una tendencia ya existente en el español antiguo. Recuérdese que en la muestra del español del siglo XVI que consideré, había 14 de los 24 casos de *dizque* en posición inmediatamente preverbal

---

13 En todo el corpus hay sólo 16 casos de *diciendo* en contacto con un verbo de habla, en la mitad de éstos *diciendo* concurre con *dizque*.

14 De los 24 casos examinados del español del siglo XVI, hay sólo dos casos en los que *dizque* no se encuentra en una posición preverbal: en un caso está en posición posverbal y en otro forma parte de una construcción adverbial no verbal.

(cf. apartado 2.3.2). En la historia del español se han dado cambios semejantes, tal como la fijación de la posición de los clíticos (cf. Nieuwenhuijsen 1995) y de los auxiliares (cf. Harre 1991: 111-119). Sin embargo, llama la atención el hecho de que en el español de México y de Colombia la posición de *dizque* no ha llegado a fijarse, sino que *dizque* goza de una flexibilidad sintagmática considerable (cf. apartado 2.3.2, nota 6). Hay dos posibles explicaciones de los hechos lingüísticos ecuatorianos, que no se excluyen mutuamente. En primer lugar la generalización de cualquier tendencia lingüística en la lengua dominante se da con más probabilidad en el habla de los bilingües, porque así la tendencia se vuelve regla sin excepción, y hace que la lengua sea más fácil de aprender (cf. Muysken 1984). En segundo lugar es probable que influya la posición preferida de *-shi* —y por consiguiente también de *dizque*— detrás del primer constituyente, que frecuentemente coincide con la posición delante del verbo finito en español.

Pasemos ahora a ocuparnos de la negación, que se puede explicar como consecuencia tanto de la posición de *dizque* delante del verbo finito como de la alta frecuencia de *dizque*. Por su altísima frecuencia tanto relativa como absoluta, la combinación *dizque* + V debe de haberse llegado a reinterpretar como construcción verbal compleja, lo cual explica la posición de la negación delante del primer elemento de esta construcción:

(38) ya no *dizque* conoce ni mujer ni familia (BQ 14a, 1)
a. ??ya *dizque* no conoce ni mujer ni familia.

En español general, las construcciones verbales complejas siempre consisten en un auxiliar más un verbo léxico. Consideremos un ejemplo paralelo a (38):

(38) b. ya no *ha* conocido ni mujer ni familia.
c. *ya *ha* no conocido ni mujer ni familia.

El ejemplo (38b.) es análogo a (38), y el ejemplo (38a.), desviado en el español bilingüe, es análogo a la variante agramatical (38c.). La posición de la negación delante del primer elemento, obligatoria en las construcciones auxiliares,[15] se ha generalizado a la construcción *dizque* + V, o sea que *dizque* se comporta como si fuera auxiliar en una construcción verbal compleja.

15 Una excepción forman las perífrasis con *deber* y *poder* en las que la posición de la negación es variable con una variación semántica concomitante (Olbertz 1998: 151-153).

5. Conclusión

El uso de *dizque* es característico del español de los bilingües, y se ha contagiado en cierta medida a los hablantes monolingües del español de la clase baja de la misma zona. La retención de *dizque* es un rasgo conservador del español bilingüe, pero su uso es de carácter sintáctica y semánticamente innovador. Tiene carácter sintácticamente innovador cuando precede a un verbo en tercera persona para expresar evidencialidad reportativa, porque entonces forma una expresión verbal compleja que tiene un comportamiento sintáctico igual al de las construcciones auxiliares. Tiene carácter semánticamente innovador en su función de marca de citas, que desempeña cuando precede al verbo *decir* u otro verbo de comunicación en tercera persona. *Dizque* se emplea con más frecuencia en los textos narrativos porque éstos por antonomasia constituyen información de segunda mano, y es allí donde más se concentra el discurso citado.

De la totalidad de los datos descritos aquí, se puede desprender que en el español bilingüe *dizque* ha pasado por un proceso de gramaticalización. En el español del siglo XVI es un adverbio con posición en la oración —en principio— variable. En el español bilingüe de la sierra ecuatoriana ha llegado a ocupar una posición casi fija delante del verbo, o sea que ha perdido su variabilidad sintagmática, un proceso que Lehmann (1985) denomina *fixation.* En base a su posición delante del verbo finito ha llegado a reanalizarse como parte de un complejo verbal único, lo cual —por lo menos teóricamente— podría terminar en la fusión de los componentes (cf. e. g. Hopper y Traugott 1993: 40-48).

Paralelamente se ha lexicalizado la construcción *dizque decir*. Recuérdese que en los textos narrativos *dizque decir* aparece tres veces más que *decir* sin *dizque.* En teoría sería posible que en cierto momento se deje de usar *decir* sin *dizque* en los textos narrativos.

Bibliografía

ADELAAR, Willem F. H. (1990): «The role of quotations in Andean discourse», en Harm Pinkster e Inge Genee (eds.): *Unity in diversity. Papers presented to Simon C. Dik on his 50th birthday.* Dordrecht: Foris, pp. 1-12.

— (1997): «Los marcadores de validación y evidencialidad en quechua: ¿automatismo o elemento expresivo?», en *Amerindia*, 22, pp. 4-13.

AIKHENVALD, Alexandra Y. (2002): *Language contact in Amazonia.* Oxford: Oxford University Press.

CATTA Q., Javier ([1984] 1996): *Gramática del quichua ecuatoriano*. Quito: Abya-Yala.

CERRÓN-PALOMINO, Rodolfo (1987): *Lingüística quechua*. Cuzco: Centro de Estudios Rurales Andinos «Bartolomé de las Casas».

COLE, Peter (1982): *Imbabura quechua*. Amsterdam: North Holland.

COMRIE, Bernard ([1981] 1989): *Language universals and linguistic typology*. London: Blackwell.

COOMBS, David, Heidi COOMBS y Robert WEBER (1976): *Gramática quechua: San Martín*. Lima: Ministerio de Educación.

GRANDA, Germán de (2002): «Un proceso de *transferencia bidireccional sucesiva* en el área andina. Evidenciales reportativos entre quechua y español», en Germán de Granda: *Lingüística en contacto: español y quechua en el área andina sudamericana*. Universidad de Valladolid, pp. 123-133.

HABOUD, Marleen (este volumen): «Quichua ecuatoriano: entre el poder simbólico y el poder real».

HARRE, Catherine E. (1991): Tener + *past participle. A case study in linguistic description*. London: Routledge.

HOPPER, Paul J. y Elizabeth Closs TRAUGOTT (1993): *Grammaticalization*. Cambridge: Cambridge University Press.

KANY, Charles (1944): «Impersonal *dizque* and its variants in American Spanish», en *Hispanic Review*, 12/2, pp. 168-177.

LEHMANN, Christian (1985): «Grammaticalization: synchronic variation and diachronic change», en *Lingua e stile*, 20/3, pp. 303-318.

MUYSKEN, Pieter (1977): *Syntactic developments in the verb phrase of Ecuadorian Quechua*. Dordrecht: Foris.

— (1984): «The Spanish that Quechua speakers learn: L2 learning as norm-governed behaviour», en Roger W. Andersen (ed.): *Second languages. A cross-linguistic perspective*. Rowley, Mass.: Newbury House, pp. 101-119.

— (1985): «Contactos entre quichua y castellano en el Ecuador», en Segundo E. Moreno Yánez (ed.): *Memorias del primer simposio europeo sobre antropología del Ecuador*. Quito: Abya-Yala, pp. 377-452.

NIEUWENHUIJSEN, Dorien (1995): «*¿Colocolo o lo coloco?* The position of the clitic pronoun in Old Spanish», en *Neophilologus*, 79/2, pp. 235-244.

OLBERTZ, Hella (1998): *Verbal periphrases in a functional grammar of Spanish*. Berlin: Mouton de Gruyter.

REAL ACADEMIA ESPAÑOLA (s. d.): *Corpus Diacrónico del Español (CORDE)*. http://corpus.rae.es/cordenet.html

REAL ACADEMIA ESPAÑOLA (s. d.): *Corpus de Referencia del Español Actual (CREA)*. http://corpus.rae.es/creanet.html

TAYLOR, Gerald (1996): «Les particules modales en quechua», en Zlatka Guentchéva (ed.): *L'énonciation médiatisée*. Leuven: Peeters, pp. 259-269.

TOSCANO Mateus, Humberto (1953): *El español en el Ecuador*. Madrid: Gredos [*Revista de Filología Española*, Anejo LXI].

WEBER, David John (1989): *A grammar of Huallaga (Huánuco) Quechua*. Berkeley: University of California Press.

Perú

DIMENSIONES DEL ESPACIO LINGÜÍSTICO Y SU SIGNIFICADO PARA LOS HABLANTES. UNA CONTRIBUCIÓN A LA LINGÜÍSTICA MIGRATORIA EN EL EJEMPLO DEL PERÚ

EVA GUGENBERGER
Universidad de Bremen

1. Introducción[1]

Las más diversas disciplinas se dedican al estudio del fenómeno de la migración desde sus perspectivas específicas, sean éstas políticas, económicas, sociales, jurídicas, culturales o psicológicas. El amplio espectro de definiciones abarca tales que describen la migración como «traslado temporal o definitivo del lugar de residencia» (Gormsen 1993: 8) hasta tales que hablan del cambio del mundo vivencial (Krefeld 2002: 148) o del «vivir-en-un-país» que implica desenvolverse en la vida diaria (Grinberg y Grinberg 1990: 18). A partir de estas diferentes definiciones ya se puede deducir que la percepción del fenómeno migratorio varía considerablemente según la disciplina y el interés del investigador.

Un aspecto que explícita o implícitamente se encuentra en todas las definiciones es el concepto del espacio o territorio. Migración significa desplazarse de un espacio a otro e implica el traspaso de fronteras, fronteras geográficas definidas entre regiones o Estados (Imbusch 1993: 129). Aunque la determinación y delimitación de espacios puede seguir diferentes criterios (por ejemplo ecológicos), en las ciencias sociales actuales generalmente se aplican criterios político-administrativos.

En lo que se refiere a América Latina, Imbusch diferencia tres tipos de migración según los espacios que abarcan: la migración intercontinental, la migración

1 El presente estudio se basa en los resultados de una investigación realizada anteriormente, descrita en otra forma y publicada en alemán en Gugenberger (2004).

intracontinental y la migración interna, siendo los dos primeros tipos procesos internacionales en los que se cruzan fronteras estatales, mientras que el último se refiere a un desplazamiento dentro de un territorio estatal (Imbusch 1993: 131).

Entre las migraciones intercontinentales encontramos aquellas que se dan en el marco del colonialismo, la deportación de esclavos o la migración masiva del siglo XIX y principios del siglo XX durante el auge de la industrialización de Europa a Latinoamérica, siendo los principales destinos de los emigrantes Argentina, Cuba, Brasil y Chile. A esta categoría también pertenecen migraciones en la dirección contraria causadas por violencia política o crisis económicas en los países de origen.

En el caso de migraciones intracontinentales los migrantes cruzan fronteras nacionales, pero no salen del continente, como por ejemplo refugiados políticos que van a otros países latinoamericanos o los migrantes en busca de trabajo, frecuentemente en países limítrofes, como por ejemplo los bolivianos que se dirigen a Argentina en la época de cosecha.

El tipo más importante entre las migraciones internas lo constituyen las oleadas de personas que se desplazan del campo a las grandes ciudades en el proceso de urbanización. Actualmente en América Latina casi tres cuartos de la población vive en zonas urbanas frente a 40% en el año 1950. En el período entre 1960 y 1980 se duplicó el número de ciudades con más de 500.000 habitantes (Imbusch 1993: 142). Las causas de estas migraciones masivas son sobre todo de tipo económico, pero también juegan un papel importante razones sociales y políticas. Así por ejemplo, en Perú, en la época de los enfrentamientos violentos entre la guerrilla *Sendero Luminoso* y los militares, muchos campesinos de las regiones andinas se veían obligados a emigrar hacia las ciudades costeñas.

En este artículo se tratará un caso del último tipo de migración descrito aquí. Intentaré mostrar la estrecha relación entre la migración y el desplazamiento lingüístico en el caso de la migración desde las regiones quechuahablantes en el sur peruano hacia las ciudades castellanohablantes. Entre los numerosos factores que actúan a favor o en contra del mantenimiento de la lengua de los migrantes, me concentraré en el siguiente: la relación entre el uso de lenguas y el espacio geolingüístico y sociocomunicativo en el que se encuentra el hablante.

2. Migración y lengua

El hecho de cruzar fronteras geográficas muchas veces implica traspasar fronteras lingüísticas, lo que abre un amplio campo de trabajo a la investigación lingüística en el contexto migratorio. La lingüística migratoria, que se nutre de enfoques de la sociolingüística, de la lingüística de contacto así como de la investigación sobre multilingüismo y lenguas minoritarias, se dedica a estudiar la compleja temática de la migración y sus consecuencias (socio)lingüísticas. En general, se pone énfasis en los procesos posteriores a la migración, en el comportamiento de los migrantes. Los estudios abarcan temas como el mantenimiento y la pérdida de las lenguas migratorias (uso de lenguas, conciencia lingüística etc.) así como el análisis de los fenómenos que se dan en el nivel estructural entre las lenguas en juego (interferencias, alternancia de código etc.).

2.1. Migrantes y otras minorías lingüísticas

La lingüística migratoria se puede apoyar parcialmente en los enfoques de la investigación sobre lenguas minoritarias, ya que muchos aspectos de la relación entre minorías autóctonas y la sociedad mayoritaria se encuentran igualmente entre las minorías migratorias. En los dos casos el término minoría muchas veces lleva una carga negativa hasta discriminatoria (cf. Nelde 1996: 520). Por eso algunos investigadores prefieren utilizar el término lenguas regionales históricas para referirse a lenguas minoritarias autóctonas, ya que en muchos casos estas lenguas no constituyen la minoría demográfica en sus respectivos territorios regionales, como por ejemplo en el caso del gallego o del catalán en España o en el caso de algunas lenguas indígenas en América Latina, como en varias regiones de Guatemala o de los países andinos Ecuador, Perú y Bolivia. Sin embargo, desde la perspectiva de la sociedad dominante, frecuentemente son percibidas como minorías y estigmatizadas en medida diferente.

En ambos casos, muchas veces existe una jerarquía en cuanto a prestigio y estatus de los idiomas, siendo la lengua de la mayoría la dominante y la de la minoría la dominada (excepto en el caso de conquista y colonialismo), lo que tiene como consecuencia que los miembros de la minoría se ven bajo una fuerte presión de asimilarse y sustituir su lengua materna por la otra que goza de más aceptación social. Con frecuencia se argumenta que el dominio de la lengua mayoritaria constituye una necesidad para poder desarrollarse dentro de la sociedad. Es evidente que no se puede desechar este argumento, sin embargo no justifica la pérdida de la lengua materna en favor de la otra como se da en muchos casos.

En lo que, en general, se diferencia la situación de las minorías autóctonas de las migratorias, es el reconocimiento de sus lenguas y culturas a nivel jurídico. Aunque en muchos casos incluso las primeras son poco consideradas en las leyes, es más probable que por lo menos sean mencionadas. Hoy en día, en la mayoría de las constituciones de los Estados Latinoamericanos se hace referencia a las lenguas indígenas, abarcando el espectro de su estatus legal el de la cooficialidad junto con el castellano (Paraguay, y, en cierta medida, Perú, Ecuador y Nicaragua — a nivel regional o sectorial respectivamente), el de su reconocimiento como lenguas nacionales (p. ej. Bolivia, Honduras, México) hasta el mero reconocimiento de su existencia (p. ej. Brasil).[2] En cambio, por lo general, las lenguas migratorias no son mencionadas en las disposiciones legales acerca de los idiomas.

Muchos grupos indígenas de América Latina se encuentran en el punto crucial entre minorías autóctonas y migratorias, ya que se trata de grupos autóctonos minorizados en sus propios países y al mismo tiempo son migrantes, si abandonan sus aldeas —como en la mayoría de los casos— y se trasladan a las ciudades mayormente hispanohablantes, cruzando así fronteras entre espacios lingüísticos. Éste también es el caso de los grupos que estarán en el centro de interés en las siguientes páginas: los quechuahablantes provenientes de las regiones andinas que migran a las grandes urbes criollas como Lima o Arequipa.

2.2. Migración y desplazamiento lingüístico en el Perú

2.2.1. Nivel nacional

Varios sociolingüistas que se dedican a estudiar los factores que actúan en favor o en contra de la lengua migratoria destacan el factor migración de por sí como determinante que pone en marcha el desplazamiento lingüístico, así p. ej. Fishman (1991: 57) o Paulston (1994: 10). Esto parece muy explicable en contextos en los que individuos o grupos (relativamente pequeños) emigran a otro país u otro continente (a menos que no sean conquistadores) y tarde o temprano se asimilan lingüísticamente a la sociedad receptora. Pero aun siendo así, se observan diferencias muy grandes en cuanto a la rapidez de este proceso y las características de sus fases transitorias (bilingüismo prolongado o rápido traspaso al monolingüismo, emergencia de lenguas mixtas o no etc.).

2 Para más información sobre el estatus de las lenguas indígenas dentro de las legislaciones de los Estados Latinoamericanos, véase p. ej. von Gleich (1996) o Gugenberger (2002).

En algunos casos, los migrantes mantienen su lengua incluso a través de varias generaciones. Entre ellos destaca el ejemplo de los alemanes del Volga, los que —incluso cambiando dos veces el espacio lingüístico— conservaron su idioma durante siglos. Primero emigraron a Rusia en la segunda mitad del siglo XVIII. Cuando ahí las condiciones de vida cambiaron en su desfavor, en la segunda mitad del siglo XIX, muchos de ellos fueron a otros países, entre ellos Argentina. Ahí recién ahora se está poniendo en marcha un proceso de desplazamiento hacia el castellano. Pero aún así se estima que todavía un 40% de los alemanes del Volga tiene el alemán como lengua materna, y esto después de 200 años de haber abandonado su espacio lingüístico original (cf. Schmidt 1997; Born y Dickgießer 1989).

En cambio, en otras situaciones, la sustitución de una lengua por otra se da en poco tiempo, a veces en dos generaciones, como también es el caso del grupo de los quechuahablantes en Arequipa que he estudiado. Hago esta comparación para destacar que aunque ni siquiera estamos frente a un caso de migración internacional, sino más bien interna, dentro de un país que en su conjunto se define como Nación pluriétnica y multilingüística, la primera vez en los años setenta del siglo pasado, cuando las reformas de la dictadura militar izquierdista bajo Velasco Alvarado marcaron un hito en la actitud del Estado frente a los pueblos indígenas. En la última constitución de 1993 se define el Perú como Estado pluriétnico en el que cada uno tiene el derecho a su identidad étnica y a usar su propio idioma ante cualquier autoridad mediante intérprete (art. 2). En el art. 48 se declara: «Son idiomas oficiales el castellano y, en las zonas donde predominen, también lo son el quechua, el aimara y las demás lenguas aborígenes, según la ley».

Aunque con esto todavía no queda anulada la jerarquía entre el castellano y las lenguas indígenas y se necesitaría precisar la vaga formulación «zonas donde predominen», estas disposiciones legales abren camino a la cooficialidad según el principio territorial. Ésta debe ser regulada en decretos legales, como p. ej. se dio en una ley (de febrero de 1991) para la región Inca que comprende los departamentos Cuzco, Apurímac y Madre de Dios, en la cual se declaró el quechua «idioma oficial de dicha región, siendo obligatoria su enseñanza, junto con el castellano, en todos los centros educativos desde el nivel inicial hasta el superior» (*El Comercio*, 24-2-1991; véase también Ojeda y Ojeda 1992). Pero en general —y aquí sigo a von Gleich (2004: 120)— hasta ahora no se han concretado los principios fundamentales formulados en la Constitución ni se han implicado en sectores sociales cruciales (la enseñanza, la administración, la jurisdicción etc.).[3]

3 Aquí cabe mencionar que en el Perú tampoco existe un movimiento indígena fuerte como p. ej. en Ecuador, que en los últimos años viene constituyendo cada vez más un motor para cambios

Ahora bien: ¿qué pasa con una lengua indígena si sus hablantes migran de una región donde ésta (todavía) predomina a una zona mayormente hispanohablante? Para evidenciar la relación entre lengua y migración en el Perú, sólo tenemos que hacernos presentes algunas cifras estadísticas. Los datos censales acerca de la situación lingüística en el Perú revelan que entre 1940 y 1981 los monolingües en castellano incrementaron del 46,7% al 73,0%. Al mismo tiempo bajó considerablemente el porcentaje de los hablantes monolingües en lenguas indígenas (quechua: del 31,1% al 7,6%), mientras que el número de los bilingües se mantuvo casi estable.

Tabla 1: Lenguas habladas de la población peruana (5 años y más); 1940 - 1981, en %

AI - aimara, Q - quechua, C - castellano

	1940	1961	1972	1981
sólo C	46,7	60,0	71,4	73,0
sólo Q	31,1	16,9	11,1	7,6
sólo AI	3,5	2,0	1,3	0,8
C / Q	15,6	15,7	14,6	14,2
C / AI	0,9	1,5	1,6	1,6

fuente: Pozzi-Escot 1987

En el censo de 1993 ya no se preguntó por las lenguas habladas, sino por «el idioma o dialecto materno aprendido en la niñez», para lo cual se señalaba sólo el quechua de entre todas las demás lenguas aborígenes. La categoría «bilingüe» queda suprimida con este planteamiento. Según este censo, tienen como lengua materna al castellano más del 80% y al quechua un 16,5% (Fuente: INEI - Censos nacionales de 1993). Es de suponer que en verdad la mayor parte, aunque no todos los hablantes nativos del castellano sólo hablan esta lengua (cf. 1981: 73% monolingües en castellano, con tendencia creciente). Se supone que el número de quechuahablantes (1981: monolingües quechua y bilingües quechua-castellano en total 21,8%) ha disminuido, pero no al 16,5%. Faltan totalmente las cifras para los monolingües en quechua, que representan una infor-

sociales en favor de los pueblos indígenas. Una de las razones que en las últimas décadas en el Perú ha debilitado y frenado el desarrollo del movimiento indígena tiene que ver con la situación política de violencia encadenada por Sendero Luminoso y las unidades estatales anti-terroristas. El alto número de víctimas entre los indígenas así como la táctica de intimidación por los dos lados impidió la organización de los pueblos indígenas peruanos (cf. von Gleich 2004: 123-124 y Montoya 1998).

mación importante para todo estudio sobre el proceso de desplazamiento lingüístico. Además debería tomarse en cuenta que también se pueden considerar dos lenguas como lenguas maternas, si se crece con las dos desde muy pequeño. Igualmente faltan los datos acerca del grado del dominio, del uso de las lenguas y de las actitudes lingüísticas.

Para el caso de Ecuador, contamos con un amplio estudio realizado por Haboud (1998), en el que se analizan los aspectos mencionados en base a un conjunto de datos recogidos en 9 de 10 provincias de la sierra ecuatoriana.[4] Un estudio tan detallado queda por hacer en el Perú, pero son dignos de ser mencionados el último trabajo de Pozzi-Escot (1998), que da una visión general amplia del uso y la investigación de las lenguas indígenas del Perú, así como el *Atlas lingüístico del Perú* de Chirinos Rivera (2001). Chirinos intenta elaborar mapas lingüísticos en base a los datos censales y deducir información acerca de la relación entre lengua y migración. A pesar del gran mérito de su labor, por supuesto sólo puede sustituir parte de los datos que faltan en el censo.

Chirinos logra demostrar la estrecha relación entre la migración hacia regiones castellanohablantes y el desplazamiento lingüístico. El llamado *Índice de Sustitución Lingüístico*[5] muestra que la sustitución de las lenguas indígenas en la migración llega a la proporción más alta en las regiones costeñas y amazónicas, es decir en las zonas no quechuahablantes, así p. ej. en el departamento de Lima a 80,8, en Ica a 78,1, en Tacna a 70,7, en Callao a 83,4, en Madre de Dios a 80,0 y en Arequipa a 53,6. En cambio, el *Índice de Sustitución Lingüístico* en las regiones andinas con un alto porcentaje de quechuahablantes y con poca migración es bajo, así p. ej. de 8,9 en Ayacucho, de 10,4 en Cuzco y de 12,7 en Puno.

Como se puede ver en estas cifras, el desplazamiento hacia el castellano es sumamente alto en la capital. En 1940 Lima tenía 400.000 habitantes, mientras actualmente casi 8 millones de personas viven en la capital, siendo el 70% de ellos migrantes y sus descendientes de origen andino (Golte 2001: 108). Sin embargo, alrededor del 90% de la población limeña tiene el castellano como lengua materna. El bilingüismo, en general, es un paso transitorio corto que ya en la segunda generación desemboca en el monolingüismo castellano. Existen datos similares acerca de la relación entre migración y desplazamiento lingüís-

4 El estudio se realizó en el marco del proyecto *Educación Bilingüe Intercultural* de la Sociedad Alemana de Cooperación Técnica (GTZ).

5 El *Índice de Sustitución Lingüístico* se obtiene aplicando el porcentaje general de quechuahablantes al grupo de edad de 5 a 14 años; de ahí resulta el «déficit» (cf. Chirinos Rivera 2001: 21).

tico para Ecuador (véase p. ej. Büttner 1993: 24, Haboud 1998: 95 y Haboud en este volumen).

2.2.2. Migrantes quechuahablantes en Arequipa

Los resultados de mi estudio sobre migrantes quechuahablantes en Arequipa[6] coinciden con los datos estadísticos. Éstos revelan que el porcentaje de aquellos que hablan una lengua indígena aparte del castellano disminuye del 77,9% en la generación de los padres, al 28,8% en la de los adolescentes, y al 3% en la de los niños menores de 14 años. Por el contrario, el monolingüismo en castellano muestra una clara tendencia hacia arriba: 22,3% en la generación de los padres, 71,2% en la de los jóvenes, y 97% en la de los niños menores de 14 años.

Tabla 2: Conocimientos lingüísticos

P - padres, A – adolescentes (14 años y más), N – niños (de 2 a 13 años), C – castellano, Q - quechua, AI - aimara (n=376)

	en cifras absolutas				en %			
	P	A	N	total	P	A	N	total
C/Q	97*	18	4	119	67,4	27,3	2,4	31,6
C/ entiende Q	10**	9	13	32	7,0	13,6	7,8	8,5
C/Q/AI	9	0	0	9	6,3	0	0	2,4
C/AI	6	1	1	8	4,2	1,5	0,6	2,1
C/ entiende AI	0	1	1	2	0	1,5	0,6	0,5
sólo C	22	37	147	206	15,3	56,1	88,6	54,8

* incl. 2 personas que hablan C y Q y además comprenden AI.

** incl. 1 persona que habla C y comprende C, Q y AI.

Estas cifras no sólo demuestran el rápido desplazamiento lingüístico del quechua al castellano en la región urbana, sino también que la tendencia no va hacia el bilingüismo, sino hacia la pérdida de la lengua indígena y al monolingüismo en castellano.

---

6 Este estudio fue realizado en 1987 en un barrio de Arequipa con un alto porcentaje de migrantes procedentes de la sierra andina (véase en detalle Gugenberger 1995). Aunque los datos escasean de actualidad y fuera deseable recoger datos nuevos para poder mostrar tendencias, según mi opinión, hasta hoy en día, la situación lingüística no ha cambiado sustancialmente (véase también von Gleich 1998). En las últimas dos décadas tampoco ha habido grandes cambios políticos y sociales que hubiesen traído mejoras considerables para los pueblos indígenas, como ya se vio más arriba al discutir la situación jurídica de las lenguas.

Si dividimos a la generación de los padres en migrantes y no migrantes (es decir, nacidos en Arequipa), tenemos los siguientes resultados con respecto a los conocimientos lingüísticos (tabla 3): todos los bilingües y trilingües con excepción de tres personas son migrantes. De los tres que dijeron haber nacido en Arequipa y hablar quechua, dos afirmaron haber crecido en una provincia quechuahablante de Puno.

Los migrantes que sólo entienden el quechua pero no lo hablan emigraron a la ciudad desde muy pequeños o tienen como lengua materna el castellano. De los monolingües en castellano la gran mayoría nació en Arequipa; los migrantes monolingües son casi todos de regiones hispanohablantes de la costa; una mujer que nació en la sierra y cuyo padre habla quechua vino a Arequipa cuando era niña.

Tabla 3: Conocimientos lingüísticos
de la generación de los padres según migrantes /no migrantes
C castellano, Q quechua, AI aimara (n=144)

	migrantes		no migrantes	
	N	%	N	%
C/Q	94	77,0	3	13,6
C/entiende Q	7	5,7	3	13,6
C/Q/AI	9	7,4	0	0
C/AI	6	4,9	0	0
C/entiende AI	0	0	0	0
sólo C	6	4,9	16	72,7

Podemos concluir que el lugar de nacimiento y crecimiento es de gran importancia para la adquisición de la lengua. Aunque los padres hablen quechua, su lengua materna no se transmite a los niños que crecen en Arequipa. Esto significa que el desplazamiento lingüístico de las lenguas indígenas al castellano en una ciudad criolla como Arequipa se desarrolla de una manera muy acelerada. Estas cifras afirman que la migración de la sierra a las grandes ciudades representa uno de los factores esenciales que fomentan y aceleran el proceso de cambio lingüístico de la lengua indígena al castellano.

2.3. Factores determinantes del comportamiento lingüístico de los migrantes

El factor migración como tal por supuesto todavía no es suficiente para explicar la pérdida de la lengua migratoria. En un estudio acerca del comportamiento lingüístico de migrantes hay que analizar toda una serie de factores que actúan en favor o en contra de la lengua originaria. Entre ellos se encuentran tanto factores extralingüísticos como lingüísticos. Entre los primeros se pueden nombrar factores sociales y demográficos (distancia geográfica, entorno rural *vs.* urbano, tamaño y grado de cohesión del grupo, pertenencia a grupos sociales, políticos y religiosos, situación económica y prestigio social de los migrantes etc.). A ellos se suman factores que pueden variar según el individuo (edad, duración de la estadía, situación familiar, motivaciones, actitudes etc.). Entre los factores que se refieren a la/s lengua/s hay que mencionar, por un lado, factores sociolingüísticos y de política lingüística, como p. ej. el prestigio y el estatus de las lenguas, su aporte institucional así como las actitudes lingüísticas de los hablantes. Por otro lado, cabe mencionar factores «puramente lingüísticos», es decir aquellos que se refieren a la estructura de las lenguas, como la distancia lingüística entre lengua originaria y receptora o la variación interna.[7]

Si queremos explicar el comportamiento lingüístico de migrantes, tenemos que analizar todas estas variables (y aún se pueden añadir otras más) en su conjunto, ya que existen relaciones recíprocas entre ellas y su relevancia varía según cada caso concreto. No conviene aislar un solo factor ni postular líneas causales directas. Además cabe preguntarse cómo actúan los determinantes, ya que su impacto en el comportamiento lingüístico no es de tipo inmediato. A pesar de todo el análisis de los factores mencionados queda un aspecto subjetivo que impide deducir directamente la práctica lingüística de los determinantes sociales y culturales. Su efecto se da más bien a través de una instancia intermediaria, un instrumento directivo, mediante el cual el individuo selecciona, filtra y elabora sus experiencias e informaciones, de modo que el individuo puede —en mayor o menor grado— decidirse por una estrategia u otra. Por tanto, no sólo cabe tomar en cuenta todo el conjunto de factores, sino también dar un lugar importante al individuo como actor social que construye y estructura su espacio de acción. Al final sólo así se puede explicar por qué los hablantes del mismo grupo se comportan de diferente manera, por qué p. ej. un migrante quechuahablante en Arequipa deja de hablar su lengua mientras que otro lo sigue usando en algunas interacciones comunicativas.

En un estudio detallado y profundo acerca del desplazamiento lingüístico se debería cumplir con la exigencia expuesta aquí. Pero como esto no será posible en un artículo corto, me limitaré a analizar un aspecto que considero importan-

7 Varios lingüistas han tratado de resumir o sistematizar las variables que fomentan o impiden el mantenimiento de la lengua materna, así p. ej. Kloss (1966) para los EE.UU., Clyne (1982) para Australia, Fontanella de Weinberg (1979) para Argentina y Gugenberger para casos de migración en general (2003).

te para el caso concreto y a mostrar tan sólo tendencias generales. De tal manera, obligatoriamente, quedan sin consideración el aspecto de la interacción entre los diferentes factores y el de las diferencias individuales en el comportamiento lingüístico. Siguiendo el tema central de este artículo pondré el enfoque en los espacios lingüísticos y su relación con el desplazamiento lingüístico en la migración.

3. Dimensiones del espacio lingüístico

El término espacio lingüístico permite diferentes interpretaciones. Por un lado puede referirse a una región geográfica en la que se habla una lengua. Por otro lado puede indicar espacios comunicativos en los que se usa una lengua determinada (o varias lenguas) como instrumento de interacción. Al diferenciar estas dos perspectivas, Haboud (1998) utiliza dos conceptos en su estudio sobre Ecuador: el espacio geolingüístico y el espacio sociocomunicativo.

Para los dos conceptos, Haboud recurre a la geolingüística[8] (cf. Haboud 1998: 44-46), especialmente al enfoque de Laponce (1984), quien ha desarrollado un marco consistente e innovador para analizar la relación entre la territorialidad y los conflictos políticos con el estatus y el poder de las lenguas. Para él, la territorialidad no sólo se refiere a un territorio geográfico, sino también a espacios sociales que posibilitan el uso de la lengua y la interacción social. Haboud habla de territorios geolingüísticos, porque se basan en la división política del país (en su caso Ecuador), y porque estos espacios permiten el desarrollo de eventos comunicativos (Haboud 1998: 81). Es la posibilidad de mantener estos espacios la que aumenta o disminuye las posibilidades de que una lengua se mantenga. Si los miembros de minorías viven en un territorio cerrado (minorías en bloque), tienen más oportunidades de sobrevivir en una sociedad dominante y mantener su identidad cultural y lingüística que minorías geográficamente dispersas. Esto ocurre justamente cuando los miembros de una lengua amenazada se alejan de su comunidad, trasladándose a la ciudad. Entonces exponen su len-

8 La geolingüística estudia la importancia y la utilidad atribuidas a las lenguas en un territorio determinado, incluyendo aspectos económicos, sociológicos, políticos y culturales. Su objetivo es comprender mejor los contextos socioespaciales del uso y de la selección de una lengua: «It may seek among other things to illumine the socio-spatial context of language use and language choice; to measure language distribution and variety; to identify the demographic characteristics of language groups; to 'assess the relative practical importance, usefulness and availability' of different languages from the economic, psychological, political and cultural standpoints of specific speech milieux; to understand variations in their basic grammatical / phonological and lexical structures, and to measure and map 'their genetic, historical and geographical affiliations and relations'» (Williams 1988: 2).

gua a un proceso de deterioro y de desplazamiento, difícil de detener frente a la presión de la lengua dominante (Haboud 1998: 45). El espacio sociocomunicativo, según Haboud, se refiere a aquellos contextos en los cuales se da la acción sociolingüística y eventos comunicativos. Éstos forman una especie de *continuum* cuyos extremos son el nivel más interno (espacios étnicos) y el más externo (espacios mestizos). Los espacios étnicos incluyen los espacios íntimos, tales como el familiar, mientras los espacios más externos en los cuales se dificulta el uso de la lengua originaria, son típicamente los de carácter más mestizo (servicios religiosos, mercado, medios de comunicación, organizaciones nacionales) (Haboud 1998: 82).

En la sociolingüística se han desarrollado varios conceptos que se refieren a la repartición de las funciones de dos lenguas según diferentes ámbitos. El modelo más conocido es el de *domains* acuñado por Fishman (1964). Mientras que Fishman se concentra en la influencia de los factores macrosociológicos en el comportamiento lingüístico, otra línea de investigación, que se basa ante todo en los trabajos de Gumperz (1982 y otros más), pone el nivel microsociológico en el centro del interés. El concepto del espacio sociocomunicativo intenta vincular los dos niveles, de manera parecida como lo hace el concepto de las redes sociales como lugar de uso lingüístico (cf. p. ej. Milroy 1980 y 2001), utilizado por ejemplo por Gal (1979) en su estudio sobre el húngaro y el alemán en Oberwart (Austria). Gal constata que las redes sociales ejercen una presión a los hablantes prescribiendo ciertas normas lingüísticas. Las dos lenguas se utilizan dependiendo de las redes sociales en las cuales se mueven los hablantes. De manera similar lo ven Hill y Hill (1986; versión castellana 1999) en su trabajo acerca del mexicano (náhuatl) y del castellano en La Malinche (México). Como los campesinos pequeños propietarios ya no pueden sostener a sus familias con la producción de sus tierras, se dedican cada vez más a actividades como el comercio etc. o se convierten en trabajadores asalariados, lo que implica más contactos con los sectores urbanos. Entablan amistad con compañeros de trabajo e incluso llegan a conocer a sus esposas o esposos a través del trato con ellos, de manera que gran parte de su vida social e incluso familiar tiene lugar en castellano, mientras que el mexicano se reduce a la vida en la comunidad campesina y sirve sólo para indicar su membresía como sujetos que comparten la misma identidad (Hill y Hill 1999: 437).

Cabe añadir que dentro del espacio lingüístico aún se pueden hacer varias subdivisiones: desde una perspectiva geográfica (variación diatópica), social (variación diastrática) o situacional (variación diafásica). En el Perú, se escucha a menudo la variación diatópica del quechua como argumento para el desplazamiento lingüístico de la lengua indígena al castellano en las grandes ciudades. Muchos hablantes —y a veces también lingüistas— sostienen que la comunicación en quechua no sería posible debido a las grandes diferencias entre las variedades regionales. En lo siguiente intentaré mostrar que en el caso peruano este argumento no puede explicar el abandono del quechua por parte de los quechuahablantes en ciudades como Lima o Arequipa. Más bien es necesario ver de más cerca los espacios geolingüísticos y sociocomunicativos en los que se mueven los migrantes.

3.1. La variación interna del quechua y el castellano como lingua franca

Como resultado de la represión lingüística durante siglos y sus consecuencias como la falta de una tradición escrituaria y la sustitución por el castellano como medio de comunicación transrregional, no se desarrolló un estándar que sirva como norma referencial para todos los quechuahablantes[9] y se produjo una mayor fragmentación dialectal. Todo esto hace difícil unificar el quechua y elaborar una variedad referencial para todos los quechuahablantes.[10] Además este proceso se ve dificultado por posiciones regionalistas y/o atomizantes. Así por ejemplo hay quienes abogan para que la variante cuzqueña sea la norma sosteniendo que el Cuzco fue la capital y el centro de poder político del Imperio Inca. La *Academia de la Lengua Quechua*, con sede en Cuzco impulsa la utilización como norma de la variedad que sus miembros llaman *qhapaq simi* («lengua del poder»). En su opinión, la *qhapaq simi* es una variedad más culta que el quechua hablado por los campesinos y posee construcciones sintácticas más complejas. En realidad es un sociolecto de un grupo de mestizos que se consideran descendientes de la nobleza inca y que desprecian las demás variedades por ser inferiores e incultas (cf. Godenzzi 1987: 19).

Sin embargo, hoy en día ninguna de las variedades quechuas es la lengua del poder, más bien el quechua está asociado en su conjunto con la cultura oprimida y despreciada por los grupos hispanohablantes.[11] La lengua dominante, el castellano, ha asumido el papel del estándar, como es frecuente en caso de «lenguas minoritarias». Por tanto, la variación en el espacio social hoy en día significa más bien la variación entre el quechua por un lado y el castellano por el otro con una serie de variedades mixtas entre los dos.[12]

---

9 Para más detalles, véase p. ej. Gugenberger (1995: 183-185).

10 Cerrón-Palomino (1994) ha ofrecido una propuesta de unificar las variedades sureñas.

11 Aquí se considera sólo la relación diglósica entre el quechua y el castellano. Al incluir las demás lenguas indígenas, se tendría que precisar, ya que en algunas zonas selváticas el quechua se encuentra en posición dominante frente a las lenguas locales.

12 En Perú, *mote* es la palabra que designa una variedad mixta, un castellano con muchas interferencias quechuas.

Si una lengua está fragmentada dialectalmente y si hay variedades ampliamente separadas, puede verse dificultada la intercomprensión entre los hablantes de diferentes zonas, sobre todo si no existe una variedad estándar que todos manejen. Esto ocurre cuando un hablante del Quechua I habla con otro del Quechua II, dos bloques de variedades lingüísticamente distanciadas. El primer bloque abarca los departamentos de la sierra central (Ancash, Huánuco, Lima, Pasco y Junín), mientras que el segundo comprende todas las otras variantes, desde el sur de Colombia hasta el norte del Perú, y desde Huancavelica hasta el norte de Argentina y Chile. Las variedades sureñas muestran una relativa homogeneidad, por lo cual no existen grandes problemas de comprensión entre sus hablantes. De ahí se puede deducir que el argumento mencionado arriba —la imposibilidad de entenderse mutuamente en quechua— no es válido para amplias zonas del Sur andino. Si a pesar de esto los quechuahablantes llegan a esta opinión generalizada, hay que buscar las razones más bien en el campo extralingüístico. Como el castellano ha desplazado al quechua como lengua vehicular y el quechua actualmente es sólo un medio de comunicación regional, los hablantes recurren rápidamente al castellano sin tratar de comprenderse en quechua. A esto se suman factores como la valoración social de las lenguas y variables situativas como la evaluación del interlocutor, la intimidad con él etc.; es imposible separar aquí los factores puramente lingüísticos de los sociolingüísticos.

Steckbauer (1997), en su artículo titulado «El español como lingua franca en Lima» insiste en el argumento de la fragmentación dialectal como factor más decisivo para la pérdida del quechua en la migración en Lima. Si bien ella menciona que el bajo prestigio del quechua y la rápida pérdida de identificación de los inmigrantes con su pueblo de origen tampoco favorecen el mantenimiento de su lengua materna (1997: 156) y también reclama la falta de un sistema de educación bilingüe en Lima, su conclusión esencial es:

> [...] el español sirve de lingua franca para los inmigrantes indígenas en Lima, puesto que carecen de otra posibilidad de comunicación debido a sus diferentes lenguas o dialectos maternos [...]. Debido a la fuerte dialectalización del quechua, no es posible una comunicación en este idioma — a menos que se utilice en forma reducida o estandarizada (1997: 164-165).

La argumentación de Steckbauer —que por cierto no se basa en materiales empíricos sobre el grado de intercomprensión de las diferentes variedades— se apoya en una posición teórica que intenta explicar el fenómeno planteado a partir de factores referentes a la estructura de la lengua (y sus subsistemas). Según mi punto de vista, un enfoque de esta índole no es capaz de contestar la pregunta por qué los migrantes dejan de hablar su lengua materna.[13] Si bien la variación interna puede jugar un papel, para mí no es éste el factor decisivo para que los quechuahablantes cambien al castellano. Las principales razones hay que buscarlas en el campo sociolingüístico como ya mencioné y en lo que quiero indagar en lo siguiente.

Primero cabe indicar que según la definición de *lingua franca*, los hablantes de diferentes comunidades lingüísticas pueden recurrir a una *lingua franca* en la comunicación intergrupal sin poner en peligro la conservación de sus lenguas en la comunicación intragrupal. En el caso de los quechuahablantes, sin embargo, la tendencia es la pérdida sucesiva del quechua a favor del monolingüismo castellano, como lo demuestran los datos de Arequipa y lo que también afirman Steckbauer y von Gleich (1998)[14] para Lima. El desplazamiento del quechua no se limita a los espacios sociocomunicativos externos, con personas que no pertenecen al *in-group*, sino ha avanzado mucho ya hasta los espacios internos, hasta la comunicación en el núcleo familiar.

Los quechuahablantes en Arequipa provienen en su gran mayoría de las regiones andinas del sur (Puno, Cuzco, provincias altas de Arequipa), es decir, no habría problemas de comprensión entre las variedades. Puede haber dificultades entre un quechua- y un aimarahablante (lo que expresan algunos de mis informantes); sin embargo, en el caso concreto del barrio estudiado esto no puede constituir un problema central, ya que como vimos en la tabla 2, hay un porcentaje mínimo de aimarahablantes en el pueblo joven. Existe la tendencia a que la gente se agrupe en los barrios según las regiones de origen. En Arequipa p. ej. hay barrios con una gran concentración de migrantes de Caylloma y otros de población mayormente puneña y cuzqueña.[15]

Pues bien, se podría suponer que en Lima nos encontramos con una situación diferente, sería posible que hubiese más mezcla de quechuahablantes de zonas

13 Los factores puramente lingüísticos nunca bastan para explicar ni el desarrollo de una lengua ni el comportamiento de sus hablantes en una sociedad plurilingüe; esto tiene validez tanto para el análisis de las lenguas mismas (fenómenos de contacto como interferencias, préstamos etc.) como para el estudio de los factores determinantes del mantenimiento o desplazamiento de una lengua. En la literatura especializada se ha subrayado esto muchas veces. Así p. ej. Thomason y Kaufman (1988: 35) sostienen que los factores estructurales son relevantes en el contacto, pero totalmente secundarios frente a los sociolingüísticos: «it is the sociolinguistic history of speakers, and not the structure of their language, that is the primary determinant of the linguistic outcome of language contact. Purely linguistic considerations are relevant but strictly secondary overall».

14 «Nos encontramos aquí claramente en la situación de *desplazamiento del quechua por el castellano*, y esto ocurre ya en la segunda generación y no en la tercera como sucedió hasta los años 60» (von Gleich 1998: 696).

15 En el *pueblo joven* estudiado, el 55% de los migrantes eran de Puno, el 33,1% de Cuzco.

dialectales muy heterogéneas. Pero la revisión de los estudios antropológicos sobre migrantes en Lima parecen afirmar mis observaciones en Arequipa de la concentración regional, incluso del mismo pueblo como se puede ver en la composición de los numerosos clubes de migrantes. Matos Mar describe la vida social en los *clubes de provincianos* en Lima de la siguiente manera:

> Semana a semana, sus locales son centros de atracción familiar. Se festejan bautizos y bodas, cumpleaños y aniversarios. Los jóvenes juegan al fútbol o encuentran, en la intimidad de ese segundo ambiente natural, una paisana casadera que les permite formar un hogar sin romper ni debilitar los vínculos de parentesco e identidad con el pueblo de origen. Los mayores conciertan negocios, consiguen trabajo y obtienen favores de los paisanos en mejor condición económica (Matos Mar 1987: 82).

Por lo menos para la primera generación es de gran significado la relación y la identificación con el pueblo de origen. Es igualmente importante la creación de espacios sociales en la ciudad, en los cuales exista la posibilidad de reproducir y recrear formas de interacción basadas en la cultura andina, como lo han afirmado muchos antropólogos, entre ellos Golte (2001), quien indica que

> [...] una de las primeras cosas que hacían (los migrantes) era asociarse con reglas de parentesco y paisanaje que permitían al individuo migrante la utilización de redes sociales amplias con fines de crearse un espacio de vivienda, de buscar una ubicación laboral, de realizar fiestas, de construir empresas. Estas redes de hecho eran una necesidad [...]. Pero también eran una virtud en cuanto al proceso de reelaboración cultural, ya que hacían de ésta un proceso de creación y aprendizaje colectivo y compartido no solamente entre los migrantes, sino también con la gente de sus pueblos de origen. La importancia de este tipo de proceso para el desenvolvimiento urbano de la gente proveniente de una aldea quizás se pueda ver por ejemplo en el hecho de que los hijos de migrantes nacidos ya en la ciudad, en su mayoría siguen buscando cónyuges entre los hijos de los migrantes provenientes del mismo pueblo de origen (Golte 2001: 119-120).[16]

El migrante generalmente mantiene el contacto con el pueblo de origen que se expresa en una intensa movilidad del migrante entre la ciudad y su aldea, a veces más, a veces menos, pero sobre todo en las épocas de cosecha y de fiestas.[17] Además, muchas veces se recrean los ciclos festivos de la aldea en los barrios

16 La tendencia a la endogamia sería una razón por la cual se podría suponer una posibilidad más alta para mantener la lengua.

17 Ahí podría haber una diferencia entre Lima y Arequipa por la distancia geográfica, sin embargo, también para el caso de Lima se ha demostrado que hay contacto intenso con el pueblo de origen (véase p. ej. Mossbrucker 1991).

urbanos. Así por ejemplo, en *Prolongación Goyeneche*,[18] el 13 y 14 de setiembre se celebra la fiesta del *Señor de la Exaltación*, un patrón que ha sido traído del Altiplano puneño. En estas oportunidades se da el encuentro con migrantes de otros pueblos, sus ideas, sus bailes y su música.

Entre los antropólogos hay diferentes puntos de vista en cuanto al grado de influencia del pensamiento andino en estas nuevas formas culturales. Algunos autores, como Matos Mar, hablan de la «andinización» de las ciudades, Altamirano (1984) ve en las formas de organización de los *pueblos jóvenes* la continuación de la comunidad andina. En cambio, Golte (2001: 120) habla de la creación de una cultura urbana e identidades urbanas. Mossbrucker (1991) sostiene que no se conserva la cultura andina, más bien se transforma en una cultura urbana adaptando los valores socioculturales a las nuevas condiciones de vida:

> Porque, lo que organizan, inventan, remodelan los provincianos en Lima en el campo de la cultura sí tiene raíces en la cultura andina, pero ésta está adaptada al nuevo ambiente de la ciudad y ya no es una cultura de campesinos, sino de comerciantes, profesionales, trabajadores, empleados etc. (Mossbrucker 1991: 190).

Todas estas observaciones me llevan a la siguiente pregunta: si bien hay bastante contacto con gente del mismo lugar, con paisanos, con migrantes de zonas de variedades dialectales no tan distintas como para impedir la comunicación en quechua con ellos, y si hay una reelaboración y una hibridación en base a muchos elementos de la cultura andina en la ciudad, ¿por qué no se da este mismo proceso en cuanto a la lengua? ¿Por qué no se mantiene el quechua —tal vez en una forma híbrida urbanizada— como el vehículo comunicativo de todas estas manifestaciones culturales de origen andino? Entre todos los factores que puedan servir para contestar estas preguntas, en lo siguiente quiero resaltar —a partir de los resultados de mi estudio en Arequipa— dos que me parecen imprescindibles: (1) la división geolingüística del Perú y la relación entre el espacio geográfico y el lingüístico; y (2) los espacios sociocomunicativos en los que se mueven los migrantes.

3.2. Espacios geolingüísticos: Arequipa – Sierra andina

En cuanto a los espacios geolingüísticos, en el grupo estudiado en Arequipa se puede constatar lo siguiente: Al considerar el lugar de residencia Arequipa en

18 Nombre del *pueblo joven* en Arequipa donde llevé a cabo el estudio.

contraste con el lugar de origen de los entrevistados como categorías distintivas del uso de lenguas según espacios geolingüísticos, salta a la vista la línea divisoria entre Arequipa y el lugar de origen que hacen los migrantes. El quechua está vinculado al otrora territorio étnico-regional en la conciencia de los hablantes, mientras Arequipa como ciudad criolla está asociada con el castellano. El fuerte vínculo afectivo con el quechua va emparejado con un alto grado de identificación con el lugar de origen, de lo cual se puede concluir que existe una relación estrecha entre la identidad territorial y la identidad lingüística. Mientras el quechua representa la tierra natal, la niñez, el pasado y la vida en los Andes, el castellano es símbolo de la ciudad, la modernización, el progreso, la educación, la superación social.

Es sabido que esta división espacial-cultural-lingüística se remonta a la época colonial en la que se ubicaba a la población de origen europeo hispanohablante en ciudades, y a la de origen andino en poblados rurales. En la sociedad colonial, las culturas campesinas andinas eran grupos estructuralmente supeditados, obligados a quedarse en espacios provistos para ellos (Golte 2001: 109-110). Aunque posteriormente, en la época republicana y sobre todo en el siglo XX, con las migraciones masivas hacia las ciudades, hubo una ruptura de estos espacios separados, la jerarquía étnica que marcaba la sociedad colonial seguía vigente. Entonces era la sociedad criolla que representaba la superioridad y la nación, mientras que las culturas indígenas eran tildadas de inferiores, «inadecuadas para comunicarse directamente con el desarrollo global» (Golte 2001: 116).

Esta actitud se refleja hasta hoy en día en el comportamiento lingüístico de los migrantes andinos. Al trasladarse a territorio criollo el quechua para ellos ya no es la lengua de comunicación adecuada. Debido a esta división les parece «natural» hablar castellano en el espacio urbano. Se declara a menudo que en la ciudad simplemente ya no se habla quechua, porque ya no es la costumbre, y que hay que adaptarse al lugar y a las circunstancias, como ilustra la siguiente cita.[19]

I: Y acá en Arequipa, ¿en qué lengua habla con más frecuencia?
E: .... castellano.
I: Y cuando va a su tierra, ¿en qué idioma habla más?
E: Más hablo en quechua, porque a veces me hablan... mis primos, mis familiares de allá... más hablan quechua, Ud. tiene que seguir la corriente.
I: Y ¿qué idioma prefiere hablar con más frecuencia en Arequipa? ¿Qué le gusta más hablar en Arequipa?

19 «I» corresponde a la entrevistadora, «E» al entrevistado.

E: Me gusta hablar... castellano... no... están están acostumbrados.
I: Sí. Y en su tierra, ¿en qué idioma más le gusta hablar?
E: Quechua.

Esta división espacial no sólo tiene validez para Arequipa, porque Chirinos Rivera demuestra lo mismo para la situación de los migrantes en todo el Perú, como ya hemos visto arriba. Igualmente sostiene que una razón decisiva para la sustitución lingüística consiste en que los migrantes ya no viven en espacios quechuahablantes:

> Estimamos que por lo menos un 35% de la población que tiene el quechua como lengua materna son migrantes en zonas donde no lo transmiten a sus hijos. Esto motiva un comportamiento muy diferenciado de las lenguas indígenas con respecto al castellano. Mientras que el castellano se retransmite a los niños en casi todas las situaciones, muchos hablantes de lenguas indígenas no lo hacen porque no se encuentran viviendo en zonas donde la lengua indígena es hablada (*aquí no se habla quechua*) (Chirinos Rivera 2001: 42).

La estrecha relación entre lengua y espacio hace que lo decisivo para que alguien hable a otra persona en quechua en la ciudad ya no es la pertenencia a la comunidad lingüística quechuahablante, sino si lo siente perteneciente al mismo territorio, si lo considera paisano y el grado de confianza con él. En general, podemos decir que un migrante andino en la ciudad prefiere hablar quechua conforme conoce más a su interlocutor y su tierra está más cerca del lugar de origen del interlocutor.

En este contexto es interesante ver de más cerca el concepto de paisano que tienen los migrantes. Me acuerdo de una conversación con una migrante que decía «aquí no hay paisanos con los que pueda hablar»; y cuando yo le avisaba «pero su vecina, la señora tal, también es de Espinar», me contestaba «pero ella es de Espinar mismo, de la cabecera, y yo soy de una estancia, no es lo mismo». En esta respuesta se manifiesta un concepto de identidad local que se refiere a un espacio estrechamente limitado. Lo que prevalece aquí no es la dificultad de comprensión, sino el sentimiento de percibir a alguien como de los suyos. Cabe mencionar que siguen existiendo las estructuras sociales de las provincias, la heterogeneidad y las jerarquías dentro de la sociedad andina en el barrio urbano. Tampoco hay que olvidar que también hay mistis en la sierra, sobre todo en las pequeñas ciudades provinciales, y que la relación diglósica entre el quechua y el castellano así como el desplazamiento lingüístico no empiezan recién en la ciudad.

Sin embargo, se podría suponer que la convivencia en el barrio urbano, el hecho de tener una lengua en común, el quechua, junto con el desarraigo territorial y las necesidades económicas y sociales que fomentan los lazos de solidaridad entre los vecinos del barrio favorece la conciencia de compartir la misma identidad lingüística. Pero lo que se puede observar es un debilitamiento de la cohesión con respecto a la comunidad originaria a largo plazo. Dicha cohesión es compensada sólo en parte por el contacto con otros quechuahablantes en la ciudad. En general, se constata la falta de una conciencia suprarregional de filiación entre todos los quechuahablantes, lo que impide la consolidación de una colectividad de migrantes que se defina, en primer lugar, a través de la pertenencia a la misma comunidad lingüística y que considere la lengua étnica como un rasgo imprescindible de su identidad.

El vínculo del quechua con el lugar de origen se manifiesta también en la valoración afectiva de la lengua. Como a menudo se observa entre los hablantes de lenguas dominadas, se da un valor muy alto a nivel afectivo a la lengua materna, mientras que al mismo tiempo se le atribuye un valor social funcional bajo. El quechua es la lengua del corazón, cuya pérdida causa dolor, pero cuyo conocimiento y uso no traen ningún beneficio. De este modo, el vínculo de identificación con la comunidad lingüística original pasa a un segundo plano debido al beneficio económico y social que promete el cambio a la lengua dominante.

3.3. Espacios sociocomunicativos en la ciudad

Como hemos visto arriba, la primera división espacial que hacen los migrantes es entre la ciudad y el campo. Dentro de estas categorías cabe diferenciar aún según varios espacios sociocomunicativos. Al tomar el ejemplo de los migrantes en Arequipa para analizar el uso de lenguas en la ciudad, quiero separar tres espacios comunicativos: el espacio familiar, el del barrio y el de fuera del barrio.

3.3.1. Uso de lenguas en el espacio familiar

Para investigar el uso de la lengua en la familia, emprendí una clasificación según los interlocutores (en este caso familiares), por un lado, y según el lugar de la comunicación (dentro y fuera del hogar), por otro, ya que era de suponer que, sobre todo en el entorno urbano, se hiciera una diferenciación según el espacio sociocomunicativo.[20] Escogí cinco categorías de respuesta: sólo castellano, más castellano, tanto castellano como quechua, más quechua y sólo quechua.

20 Se renuncia aquí a un análisis más detallado según generación y género; para ello véase Gugenberger (1995).

Tabla 4: Uso de lenguas con familiares en el hogar (n=33)

	sólo C	más C	igual	más Q	sólo Q	n/a
cónyugues	14	8	1	3	0	(7)
hijos	23	3	0	0	0	(7)
padres	5	4	4	3	16	(1)
hermanos/as	17	6	6	2	2	(0)
abuelos/as	5	0	0	0	17	(11)

De la tabla 4 se puede colegir que en la comunicación con todos los familiares en casa ya prevalece el castellano.[21] Una excepción es la elección de la lengua en la comunicación con padres y abuelos, lo cual se explica por el hecho de que en 16 ó 17 casos éstos eran monolingües en quechua, tal como lo mencionaron los mismos informantes.[22] Estas cifras muestran que la sustitución lingüística ya está bastante avanzada incluso en el ámbito familiar. Los hermanos hablan mayormente —los adolescentes exclusivamente— castellano entre ellos. Ni los padres ni las madres realizan la socialización de sus hijos en quechua, ya que casi todos los padres hablan en castellano a sus hijos. Esto significa que en la ciudad ya no se transmite la lengua materna a la siguiente generación, lo que tiene como consecuencia problemas de comprensión entre los abuelos que viven en el campo (a menudo éstos son monolingües en quechua) y los nietos.

En cuanto a la diferenciación entre el uso de la lengua dentro y fuera del hogar llama la atención el desplazamiento muy grande en la comunicación entre los cónyuges. Mientras casi la mitad de los entrevistados dijo que muchas veces hablaba quechua con su cónyuge en casa (en ningún caso sólo quechua), todos, excepto uno, indicaron que cambiaban al castellano cuando salían de su domicilio (tabla 5). Ésta es una información importante referente a los espacios sociocomunicativos.

21 Esta muestra relativamente pequeña resulta de que entre las 50 personas con las que hice entrevistas intensivas sólo 33 eran bilingües. La proporción entre bilingües y monolingües corresponde a la realidad del pueblo joven en su conjunto, porque la elección de los informantes se basa en el concepto del *Community Profile* (Wölck 1976), con el cual es posible lograr un grado alto de representatividad a pesar de una muestra pequeña.

22 Cabe anotar que también el lugar de residencia de los padres o abuelos (Arequipa *vs*. lugar de origen) cumple un papel importante.

Tabla 5: Uso de lenguas con familiares fuera del hogar (n=33)

	sólo C	más C	igual	más Q	sólo Q	no tiene
cónyugues	25	1	0	0	0	(7)
hijos	25	1	0	0	0	(7)
padres	10	1	4	1	16	(1)
hermanos/as	23	3	3	2	2	(0)
abuelos/as	5	0	0	0	17	(11)

3.3.2. Uso de lenguas en el barrio y fuera del barrio

Dentro del barrio (del *pueblo joven*) se consideran los contactos con los vecinos,[23] los compadres y comadres, los dirigentes de la Junta Directiva, los paisanos, así como en eventos sociales del barrio como faenas, fiestas, etc. La categoría fuera del barrio comprende los contactos con los amigos (compañeros de colegio o trabajo), paisanos en el centro,[24] personas no conocidas que parecen ser de la sierra, así como en el mercado del centro (uno de los lugares de Arequipa donde se reúne gente de los pueblos jóvenes). La distinción dentro del barrio y fuera del barrio me pareció importante en cuanto se puede suponer que dentro del propio barrio es más fuerte la presencia del quechua que en el centro de la ciudad debido al sentimiento de pertenencia grupal y la familiaridad con el lugar y las personas.

Tabla 6: Uso de lenguas en el barrio (n=33)

	C	C/Q	Q	no tiene
vecinos	15	18	0	
compadres/com.	20	9	0	(4)
dirigentes	33	0	0	
paisanos	12	19	2	
evento social	21	12	0	

23 Vecino: así se denomina en general a los miembros de un barrio.

24 Con la distinción entre paisanos en el barrio y paisanos en el centro se buscó saber si la elección de la lengua con la misma persona difiere según el espacio sociocomunicativo, como ocurrió en el caso del uso de la lengua con los familiares.

Los datos correspondientes al uso de la lengua dentro del barrio nos proporcionan la siguiente información (tabla 6): con la excepción de dos mujeres (en la comunicación con paisanos) nadie utiliza exclusivamente el quechua para comunicarse con los miembros del barrio. El número de aquellos que utilizan ambas lenguas predomina sólo con los vecinos y los paisanos. Se hace la diferencia entre vecinos en general y paisanos; estos últimos constituyen miembros del grupo con los que se tiene más afinidad a causa del origen común. Con los miembros de la Junta Directiva todos los entrevistados utilizan sólo el castellano (aunque la mayoría de ellos son bilingües en quechua y castellano).[25] Esto sugiere que la posición social del interlocutor juega un papel para la elección de lengua. Para comunicarse con los dirigentes, que gozan de un alto prestigio social en el barrio, se elige la lengua de mayor prestigio, el castellano.

De ello podemos concluir que la identificación con la comunidad lingüística en la tierra natal sigue existiendo en la ciudad, pero que la lengua étnica no funciona como símbolo de pertenencia a un nuevo grupo (migrantes, habitantes del mismo pueblo joven etc.).

Tabla 7: Uso de lenguas fuera del barrio (n=33)

	C	C/Q	Q
amigos	20	13	0
paisanos (centro)	22	9	2
persona desconocida*	15	5	13
mercado	26	7	0

* Persona desconocida que parece ser de la sierra

Fuera del barrio el uso del castellano domina en todos los eventos comunicativos y con todas las personas. La única excepción parece ser la categoría «persona desconocida que parece ser de la sierra», porque alguien a quien se identifica fácilmente como serrano/a que no vive en la ciudad (por ejemplo por su forma de vestir) es considerado frecuentemente como una persona monolingüe en quechua que necesita ayuda; a ella hay que apoyarla. En este caso la lengua étnica desempeña, por un lado, la función de solidaridad, por otro lado se reconoce fácilmente el estigma de lo tradicional, campesino, atrasado. De manera que un informante afirma:

25 Hay unos pocos dirigentes aimarahablantes, y el secretario general habla una variedad quechua del centro del Perú, muy distinta a la que se habla en el sur).

> [...] me dice jovencito, Ud. sabe y yo no sé nada, y que tal parte o tal parte quiero ver y quiero saber dónde se encuentra. Entonces, si me habla de quechua, tengo que responder todo de quechua.

El cambio de la lengua en el momento que se sale del barrio al centro se hace ver con más claridad en la categoría *paisano/a* como interlocutor. De las 12 personas que indican hablar las dos lenguas en el barrio 10 dicen que cambian al castellano cuando van al centro. Los motivos por los cuales se cambia de lengua con la misma persona cuando se la encuentra en el centro, están ligados al cambio del espacio sociocomunicativo, pero también a factores como la falta de confianza con la otra persona, el miedo a ser discriminado, el deseo de no ser reconocido como un «cholo serrano» y otros más. Es frecuente la actitud de dejar a cargo del interlocutor la decisión por una de las dos lenguas a usar en el diálogo para eludir conflictos o porque el otro se podría enojar cuando se le habla en quechua, como expresan algunos entrevistados.

4. Observaciones finales

Resumiendo podemos decir que en el uso de lenguas en Arequipa se refleja la dicotomía rural — urbano, entre los espacios criollos y andinos. En los espacios sociocomunicativos que en el *continuum* se acercan más al espacio andino, es decir donde la cultura andina está aún presente, como en el hogar o en el pueblo joven, hay todavía presencia parcial del quechua. En cambio, en los espacios relacionados con la cultura criolla y con la vida urbana predomina el castellano como lengua de interacción. Por consiguiente, en muchos casos se habla con la misma persona en una o la otra lengua dependiendo del espacio donde se realiza la comunicación, por ejemplo se cambia del quechua al castellano cuando se sale con el esposo o la esposa de la casa para ir al mercado del centro.

Von Gleich llegó a conclusiones similares en cuanto a la separación del uso de la lengua dentro y fuera del barrio en su estudio en Lima (1998: 696). Los hombres que trabajan con paisanos en el barrio siguen hablando quechua entre ellos. Por el contrario, las mujeres que frecuentemente salen del barrio para trabajar de empleadas domésticas en casas hispanohablantes hablan en castellano en su lugar de trabajo. Además, en general, se responsabilizan mayormente de la educación de los hijos, que aprenden el castellano en la escuela. Al creer que el quechua podría dificultar el ascenso social de los hijos hablan con ellos mayormente en castellano.[26]

26 Von Gleich indica que «gran parte de este comportamiento lingüístico se debe a las instrucciones de las maestras urbanas que recomiendan a los padres de familia no conversar en quechua en casa con los chicos para que aprendan más rápido y sin mezcla el castellano».

En este estudio he analizado en el ejemplo de la migración interna en el Perú uno de los factores que fomenta el desplazamiento lingüístico hacia el castellano en el medio urbano; es la separación de los espacios geolingüísticos y sociocomunicativos en la conciencia de los hablantes. Como he insinuado a lo largo de estas páginas, ésta no es la única razón que explique la pérdida del quechua en las zonas urbanas. Hay muchos otros factores que no he podido tratar aquí, pero hay uno —analizado detalladamente en otros trabajos (Gugenberger 1995 y 1997)— en él que quiero insistir nuevamente antes de concluir este artículo. Es la estigmatización del quechua, la discriminación que han sufrido los quechuahablantes durante siglos por pertenecer a un grupo desprivilegiado y desvalorizado y que sigue vigente hasta la actualidad en gran parte de la sociedad peruana. Muchos indígenas consideran como solución para escaparse de la discriminación la asimilación a la cultura dominante, adoptar sus normas y valores, entre ellos la lengua castellana. Por consecuencia, se sigue hablando quechua solamente en los espacios de la cultura indígena, en espacios protegidos «donde nadie nos escucha» como he podido oír a menudo en las entrevistas. Cuando se abandonan estos espacios y se migra a un espacio en el cual son vigentes las normas y valores de la sociedad criolla hispanohablante y donde hay que contar con sanciones si uno no se adapta, crece la disposición a «dejar atrás» su lengua y cultura en el espacio indígena. Éste es uno de los factores decisivos que motivan a muchos hablantes al cambio de lengua y ya no trasmitir el quechua a sus hijos.

Al final de estas líneas quiero resaltar las palabras de una quechuahablante migrante en Arequipa que sintetiza bien este último punto y también lo anteriormente dicho. Ella tiene un pequeño negocio en el pueblo joven donde frecuentemente la he escuchado hablar en quechua con los clientes. Sin embargo, ella también hace una separación entre los distintos espacios sociocomunicativos (hogar, negocio en el pueblo joven, centro de la ciudad). Como causa de su elección de lengua expresa abiertamente su temor a ser discriminada por los arequipeños:

> [...] en un negocio más tienes que hablar quechua pues, pero sin que escuchen los arequipeños, ah [...] En la casa, en el negocio, así pue. ¿Cómo va Ud. hablar quechua pue en el centro? No se puede hablar. Hasta vergüenza sería. Ésta es una huanaca... serrana ella dicen pues a una.

Bibliografía

ALTAMIRANO, Teófilo (1984): *Presencia andina en Lima metropolitana*. Lima: PUC.

BECHERT, Johannes y Wolfgang WILDGEN (1991): *Einführung in die Sprachkontaktforschung*. Darmstadt: Wissenschaftliche Buchgesellschaft.

BORN, Joachim (ed.) (2004): *Peru zur Jahrtausendwende. Kultur, Bildung, Sprache, Musik und Kirche*. Dresden: Thelem.

— (2004): «Sprachen in Peru — Minderheitenrechte und Sprachpolitik in der Zeit nach Fujimori», en Born (ed.), pp. 131-148.

— y Sylvia DICKGIEßER (1989): *Deutschsprachige Minderheiten. Ein Überblick über den Stand der Forschung für 27 Länder*. Mannheim: Institut für deutsche Sprache.

BÜTTNER, Thomas (1993): *Uso del quichua y del castellano en la sierra ecuatoriana*. Quito: Abya-Yala.

CERRÓN-PALOMINO, Rodolfo (1994): *Quechua sureño. Diccionario unificado*. Lima: Biblioteca Nacional del Perú.

CHIRINOS RIVERA, Andrés (2001): *Atlas lingüístico del Perú*. Cuzco / Lima: Ministerio de Educación / Centro Bartolomé de las Casas.

CLYNE, Michael (1982): *Multilingual Australia*. Melbourne: River Seine Publications.

FISHMAN, Joshua A. (1964): «Language Maintenance and Language Shift as a field of inquiry», en *Linguistics*, 9, pp. 32-70.

— (1991): *Reversing Language Shift*. Clevedon: Multilingual Matters.

FONTANELLA DE WEINBERG, María Beatriz (1979): *La asimilación lingüística de los inmigrantes*. Bahía Blanca: Universidad Nacional del Sur.

GAL, Susan (1979): *Language Shift. Social Determinants of Linguistic Change in Bilingual Austria*. New York: Academic Press.

GLEICH, Utta von (1996): «Bilingüismus und Interculturalität in den Grundschulen Lateinamericas. Erfahrungen und Herauforderungen für die Dekade der Indigenen Völker», en Peter Cichon (ed.): *Das sprachliche Erbe des Kolonialismus in Afrika und Lateinamerika*. Wien: Praesens, pp. 73-103.

— (1998): «El impacto lingüístico de la migración: ¿desplazamiento, cambio o descomposición del quechua?», en Sabine Dedenbach-Salazar, Carmen Arellano Hoffmann, Eva König y Heiko Prümers (eds.): *50 años de Estudios Americanistas en la Universidad de Bonn. Nuevas contribuciones a la arqueología, etnohistoria, etnolingüística y etnografía de las Américas* (=*Bonner Amerikanistische Studien*, 30). Bonn: Sauerwein, pp. 679-704.

— (2004): «Mehrsprachigkeit, Multikulturalität und Wissenstradierung in Peru vom Tahuantinsuyu bis ins 21. Jahrhundert», en Born (ed.) pp. 103-129.

GODENZZI, Juan Carlos (1987): *Lengua, cultura y región. Documento base y conclusiones del taller sobre lengua, cultura y región sur andina peruana*. Cuzco: Centro Bartolomé de las Casas.

GOEBL, Hans *et al.* (eds.) (1996): *Kontaktlinguistik. Ein internationales Handbuch zeitgenössischer Forschung*. Berlin: de Gruyter.

Goebl, Hans *et al.* (1996): «Vorwort», en Goebl *et al.* (eds.), pp. xxv-xxix.

GOLTE, Jürgen (2001): *Cultura, racionalidad y migración andina*. Lima: IEP.

GORMSEN, Erdmann (1993): «Internationale Migration. Begriffe-Hintergründe-Folgen. Ein weltweiter Vergleich», en Erdmann Gormsen y Andreas Thimm (eds.): *Migration in der Dritten Welt*. Mainz: Universidad de Mainz, pp. 7-55.

GRINBERG, León y Rebeca GRINBERG (1990): *Psychoanalyse der Migration und des Exils*. München/Wien: Internationale Psychoanalyse.

GUGENBERGER, Eva (1995): *Identitäts- und Sprachkonflikt in einer pluriethnischen Gesellschaft. Eine soziolinguistische Studie über Quechua-Sprecher und -Sprecherinnen in Peru*. Wien: WUV.

— (1997): «'Incomunicación' y discriminación lingüística en el contexto intercultural (Perú)», en Klaus Zimmermann y Christine Bierbach (eds.): *Lenguaje y comunicación intercultural en el mundo hispánico*. Frankfurt am Main / Madrid: Vervuert / Iberoamericana, pp. 131-146.

— (2002): «Das Recht zu reden und die Pflicht zu schweigen. Manifestationen von Macht im Sprachgebrauch und in der Sprachenpolitik Lateinamerikas», en *Neue Romania*, 25/2, pp. 139-166.

— (2003): «Einflussfaktoren auf Migrantensprachen. Bausteine für ein migrationslinguistisches Modell», en Jürgen Erfurt, Gabriele Budach y Sabine Hofmann (eds.): *Mehrsprachigkeit und Migration*. Frankfurt am Main: Lang, pp. 37-62.

— (2004): «Wandern durch sprachliche Räume. Sprache und Territorium am Beispiel der internen Migration in Peru», en Born (ed.), pp. 77-102.

GUMPERZ, John (1982): *Discourse Strategies*. Cambridge: Cambridge University Press.

HABOUD, Marleen (1998): *Quichua y castellano en los Andes ecuatorianos. Los efectos de un contacto prolongado*. Quito: Abya-Yala.

HARTIG, Matthias (1981): *Sprache und sozialer Wandel*. Stuttgart et al.: Kohlhammer.

HILL, Jane y Kenneth HILL (1999): *Hablando mexicano: la dinámica de una lengua sincrética en el centro de México*. México: CIESAS / INI. (Versión original 1986: *Speaking Mexicano. Dynamics of syncretic language in Central Mexico*. Tucson: The University of Arizona Press)

IMBUSCH, Peter (1993): «Flucht und Migration in Lateinamerika», en Erdmann Gormsen y Andreas Thimm (eds.): *Migration in der Dritten Welt*. Mainz: Universität Mainz, pp. 129-146.

KLOSS, Heinz (1966): «German-American language maintenance efforts», en Joshua A. Fishman (ed.): *Language loyalty in the United States*. The Hague: Mouton, pp. 206-252.

KREFELD, Thomas (2002): «Migration, Sprachbewusstsein und Wissenschaftsideologie - über dynamische Räume und ihre statische Beschreibung», en Konrad Ehlich y Venanz Schubert (eds.): *Sprachen und Sprachenpolitik in Europa*. Tübingen: Stauffenburg, pp. 145-170.

LAPONCE, Jean (1984): *Langue et territoire*. Québec: Les Presses de l'Université Laval.

MATOS MAR, José (1987): *Desborde popular y crisis del Estado. El nuevo rostro del Perú en la década de 1980*. Lima: IEP.

— (1991): «El nuevo rostro de la cultura urbana en el Perú», en *América Indígena*, 51/2-3, pp. 11-34.

MILROY, Lesley (1980): *Language and Social Networks*. Oxford: Blackwell.

— (2001): «Bridging the micro-macro gap: social change, social networks and bilingual repertoires», en Jetske Klatter-Folmer y Piet van Avermaet (eds.): *Theories on maintenance and loss of minority languages: towards a more integrated explanatory framework*. Münster: Waxmann, pp. 39-64.

MONTOYA, Rodrigo (1998): *Multiculturalidad y política. Derechos indígenas, ciudadanos y derechos humanos*. Lima: Sur.

MOSSBRUCKER, Harald (1991): «El proceso de migración en el Perú: la revolución clandestina», en *América Indígena*, 51/2-3, pp. 167-201.

NELDE, Peter (1996): «Migrantensprache», en Günter Holtus, Michael Metzeltin y Christian Schmitt (eds.): *Lexikon der romanistischen Linguistik*, Vol. VII, Tübingen: Niemeyer, pp. 518-526.

OJEDA Y OJEDA, Ludolfo (1992): «El maestro y el quechua: en torno a la ley de oficialización del quechua en la Región Inca», en Juan Carlos Godenzzi (ed.): *El quechua en debate*. Cuzco: Centro Bartolomé de las Casas, pp. 245-263.

PAULSTON, Christina (1994): *Linguistic minorities in multilingual settings*. Amsterdam: Benjamins.

POZZI-ESCOT, Inés (1987): «La incomunicación verbal en el Perú», en *Allpanchis*, 29/30, pp. 45-63.

— (1998): *El multilingüismo en el Perú*. Cochabamba: CBC y PROEIB.

SCHMIDT, Arnd (1997): *Kollektive Zweisprachigkeit in einsprachiger Umgebung. Eine wolgadeutsche Sprachinsel in Argentinien*. Kiel: Westensee.

STECKBAUER, Sonja (1997): «El español como lingua franca de los inmigrantes indígenas en Lima», en Klaus Zimmermann y Christine Bierbach (eds.): *Lenguaje y comunicación intercultural en el mundo hispánico*. Frankfurt am Main / Madrid: Vervuert / Iberoamericana, pp. 147-167.

THOMASON, Sarah Grey y Terrence KAUFMAN (1988): *Language contact, creolization, and genetic linguistics*. Berkley: University of California Press.

WERLEN, Erika (1998): *Sprache, Kommunikationskultur und Mentalität. Zur sozio- und kontaktlinguistischen Theoriebildung und Methodologie*. Tübingen: Niemeyer.

WILLIAMS, Colin (1988): «An introduction to geolinguistics», en ibíd. (ed.): *Language in Geographic Context*. Clevedon: Multilingual Matters, pp. 1-19.

WÖLCK, Wolfgang (1976): «Community profiles. An alternative to linguistics informant selection», en *International Journal of the Sociology of Language*, 9, pp. 43-57.

LA SUPERVIVENCIA DEL SUFIJO CULLI *-ENQUE* EN EL CASTELLANO REGIONAL PERUANO

RODOLFO CERRÓN-PALOMINO
Pontificia Universidad Católica del Perú, Lima

«¡Ah, creciente deste añu! Habrá memoria della pa un *tiempenque...*».
Ciro Alegría (1958: II, 20)

0. Propósito

En la presente nota quisiéramos llamar la atención sobre el empleo del sufijo *-enque* en el castellano de la sierra norcentral peruana. Su uso aparece registrado en la conocida novela *La serpiente de oro* del eximio novelista Ciro Alegría. Observaba al respecto Alberto Escobar, uno de los estudiosos más exhaustivos de la obra del novelista peruano, que el origen del sufijo resultaba oscuro, debiendo tener sin duda una procedencia sustratística indígena. En las secciones siguientes nos proponemos demostrar que el mencionado sufijo constituye una muestra altamente productiva de supervivencia gramatical de la antigua lengua *culli*, hoy extinta, en el castellano de la región. Antes, sin embargo, se hace necesario proporcionar alguna información sobre la lengua y su documentación.[1]

1. La lengua culli

Una de las muchas lenguas que se hablaban en el antiguo territorio del imperio de los incas fue la culli. A diferencia, sin embargo, del quechua y del aimara,

1 Vayan nuestros sinceros reconocimientos para Willem Adelaar y Luis Andrade por habernos proporcionado materiales bibliográficos a los que, sin su concurso, no habríamos podido acceder.

que ostentaban el rango de «lenguas generales», e incluso del mochica, que alcanzó el nivel de «lengua regional» (Cobo [1653] 1956: II, XIV, 235), el culli no pasó de ser considerado como una de las tantas lenguas «naturales», de carácter local y carente de nombre propio,[2] que subsistían ante el empuje de las «lenguas mayores» del Perú prehispánico. Sólo a partir del siglo XVII, y de manera muy esporádica, se la mencionará, esta vez con nombre propio, en el contexto de la empresa evangelizadora.[3] Paradójicamente, a diferencia de lo que ocurre con los glotónimos del quechua y del aimara, el nombre de esta lengua no parece corresponder al de un grupo étnico, pues, como se sabe, de ella se sirvieron los antiguos pueblos de Huamachuco y Cajamarca, según nos lo indica Cieza de León, en los siguientes términos:

> La prouincia de Guamachuco es semejable a la de Caxamarca: y los Yndios son de vna lengua y trage: y en las religiones y sacrificios se ymitauan los vnos a los otros, y por el consiguiente en las ropas y llautos ([1553] 1984: LXXXI, 235-236).

2 El nombre de *culli* (o *culle*) para designar la lengua fue en verdad «rescatado» de la documentación colonial, y como tal se lo usa actualmente en los medios académicos. Sin embargo, habría también otro nombre que designaría a la lengua: *linga* o *ilinga*. Y es que, en su su diario de visita pastoral a la zona en parte coincidente con el territorio de habla culli, el arzobispo Toribio de Mogrovejo menciona varios pueblos en los que se hablaría una lengua *linga* o *ilinga* (Mogrovejo [1593] 1920: 250, 251, 255, 263, 266). La lectura de tales pasajes ha inducido a algunos estudiosos a postular que, en ellos, *linga* está aludiendo al culli. Como lo hemos observado en otras oportunidades, no creemos que esto haya sido así, y, en tal sentido, rescatamos las dudas que al respecto señalaba Rivet (1949: 3). En efecto, pensamos que hay por los menos tres razones suficientes que apuntan en contra de tal identificación: (a) los pueblos mencionados en la visita pastoral tenían el quechua como segunda lengua; (b) en uno de ellos, Santiago de Chuco, se menciona a Juan Caxica, como experto en «ilinga y la (a)ymará», y sabemos muy bien que el agustino de origen vizcaíno era gran lenguaraz y autor de varios tratados en quechua y aimara, sin que se le atribuya otra pericia idiomática (cf. Calancha [1638] 1978: IV, cap. XII, 1935-1944); y (c) la expresión <linga> o <ilinga> se explica naturalmente como una contracción de «lengua del inga», y, como tal, se la empleaba no sólo en territorio peruano sino también en el Popayán colonial (cf. Cerrón-Palomino 2002: nota 14, 231). Como se verá, la recta interpretación del término <linga> es crucial a la hora de postular el área de cobertura de la lengua (cf. § 3, nota 5). Señalemos al pasar, sin embargo, que en el castellano andino (no académico), *culli* designa a una variedad de maíz, de color morado, y es posible que entre los antiguos pueblos de habla culli y la procedencia originaria de dicho tipo de cereal haya alguna ligazón histórica.

3 En efecto, la primera mención al culli la encontramos en la «Memoria de las doctrinas que ay en los valles del obispado de Truxillo», valioso documento anónimo de 1638 dado a conocer por Ramos Cabredo (1950: 53-55). Se lee allí, al final, el siguiente comentario: «Y aunque cada corregimiento [de la costa] se estiende por los principios de la sierra en toda ella se habla la lengua general del Inga, *salvos algunos pueblos adonde tienen los naturales de ellos su lengua particular materna que llaman = culli= pero también usan de la general* (énfasis nuestro)».

En cuanto a su localización, tomando en cuenta la demarcación geopolítica interna del Perú actual, la lengua se hablaba aproximadamente en las provincias de Cajamarca y Cajabamba (departamento de Cajamarca), en toda la sierra del departamento de Trujillo (provincias de Otuzco, Sánchez Carrión y Santiago de Chuco), y por lo menos en la provincia de Pallasca, del departamento de Ancash. Los estudios toponímicos emprendidos en el último tercio del siglo pasado permiten delimitar, con mayor aproximación, los contornos geográficos dentro de los cuales se hablaba la lengua (ver § 3).

Una de las más tempranas referencias acerca de la lengua y de sus hablantes constituye la conocida *Relación de los padres agustinos,* redactada por Juan de San Pedro en la segunda mitad del siglo XVI (cf. San Pedro [1560] 1992). En ella se da cuenta, entre otros aspectos, de las prácticas religiosas de los indios de Huamachuco, a la par que se sugiere la manera de combatirlas y erradicarlas. Se trata de una especie de manual de extirpación de idolatrías, pero que, indirectamente, nos proporciona información valiosa sobre aspectos culturales y religiosos de los pueblos de habla culli. Desde el punto de vista lingüístico, pese a que las referencias a la lengua son más bien indirectas, la obra no deja de tener importancia, desde el momento en que registra un corpus léxico nativo nada desdeñable. Por lo demás, en el texto asoman, confundidas como propias de la lengua de los naturales, tanto voces asignables al culli como términos de indudable procedencia quechua. Ello parece indicar, a todas luces, la condición de lengua dominante de que disfrutaba esta lengua hasta antes de la llegada de los españoles. Tan fuerte era la quechuización de la región que no es aventurado señalar que, de no haberse producido la conquista del imperio en 1532 sino más tarde, el culli hubiera sido absorbido por completo, no por el castellano, como veremos, sino por el quechua. En éste, como en otros casos, la conquista española y su política evangelizadora frenaron la hegemonización del quechua en toda la región andina.

Interrumpido el proceso de quechuización, los hablantes del culli se «volverán» hacia su propia lengua, como muchos otros grupos étnicos lo harían en favor de sus idiomas nativos, según lamentarían, muy dolidamente, los historiadores mestizos Blas Valera y Garcilaso Inca (cf. Garcilaso [1609] 1945: VII, III, 92). Para los religiosos españoles, y en el presente caso para los agustinos, a cuya jurisdicción le correspondió la región que nos interesa, el culli resultó siendo un estorbo más en su labor de catequización, pues debían aprenderlo para predicar en él. Las referencias esporádicas a la lengua en los siglos XVII y XVIII se hacen dentro del contexto de la evangelización, y casi siempre en términos de queja ante la dificultad que ofrecía su aprendizaje y la inoperancia de la labor catequizadora de los religiosos, muchos de ellos expertos en quechua mas no en la lengua local. Una de tales quejas es, por ejemplo, la de fray Pablo Ponce de León, quien en carta dirigida al obispo de Trujillo el 6 de setiembre de 1746, observa que «la lengua Culle [es] un idioma tan bronco y difícil que aún los más expertos en la lengua general [el quechua] no son capaces de predicar ni rezar en dicho idioma» (Pantoja 2000: 125). Al margen de la retórica expresada en el pasaje citado, conviene notar que Juan de San Pedro había incluido en su *Relación* una lista de disposiciones destinadas a tomarse en cuenta en la tarea catequizadora, en una de las cuales se exhortaba a los doctrineros a que se «exerciten en la lengua, y que todos doctrinen los yndios de una manera y tenga su cateçismo y oraciones y credo en la lengua como se ha hecho en Guamachuco» (de San Pedro [1560] (1992): 45). De la lectura del pasaje parece desprenderse que existió por lo menos un catecismo en lengua culli, pero el hecho es que, fuera de la alusión hecha en dicho texto, nada se sabe acerca del material anunciado.

Una de las últimas referencias acerca de la lengua, en vísperas de la emancipación de las colonias españolas, la encontramos en el informe del párroco de Otuzco, en respuesta a un cuestionario emanado de la autoridad real, en el que señala que en su doctrina ya «no hay memoria de la lengua Yndica llamada Culli», y que todos los indios manejan la lengua castellana (Pantoja 2000: 130). Lo dicho podría corresponder, en efecto, a la situación encontrada en Otuzco, y quizás también en otros lugares, pero el hecho es que la lengua sobrevivió hasta por lo menos mediados del siglo pasado, en uno de sus reductos, que bien pudo haber sido Pallasca (en el departamento actual de Ancash). Señala Rivet (1949: 3) que por la época en que preparaba su trabajo sobre las lenguas de la antigua diócesis de Trujillo, el investigador Reichlen, por entonces en la región norcentral andina, le comunicó que la lengua era hablada aún en los territorios de Cabana y Bolognesi (provincia de Pallasca). Como se verá, las referencias a la lengua, sobre todo en los trabajos monográficos de corte local, continuaron hasta por lo menos la primera mitad del siglo pasado.

2. Documentación lingüística

A diferencia de lo que ocurrió con las lenguas andinas «mayores», descontando a la puquina, aunque incluyendo esta vez a la mochica, el culli no fue objeto de registro especial, pese a que, conforme se vio, parece haber sido empleado como medio de evangelización. En todo caso, de ser cierta la alusión hecha a la existencia de un catecismo en dicha lengua, su registro habría sido similar al que ostenta el puquina: un material estrictamente catequético a partir del cual podrían haberse extraído parte del léxico y algunos fragmentos de gramática de la lengua. Al no encontrarse dicha fuente, hay que esperar hasta el siglo XVIII, el de la ilustración, para contar con algún material léxico, que es mayormente el único tipo de datos disponibles con que contamos.

En efecto, gracias al espíritu escudriñador del obispo de Trujillo, don Jaime Baltazar Martínez Compañón, disponemos ahora de una lista de algunas decenas de palabras de la lengua culli. La vasta obra enciclopédica del ilustrado obispo, preparada entre 1780 y 1790, recoge información pictórica sobre el universo material y espiritual de todos los pueblos circunscritos dentro del antiguo obispado de Trujillo, sin descuidar la relación y documentación léxica de las lenguas habladas allí. De esta manera, en el volumen II de los nueve que comprende la colección *Trujillo del Perú en el siglo XVIII,* encontramos el valioso «Plan que contiene 43, vozes Castellanas traducidas alas ocho lenguas que hablan los Yndios de la costa, Sierras, y Montañas del Ob[is]p[a]do de Trugillo del Perù» (Martínez Compañón [1785] 1985: IV). Una de tales lenguas es nada menos que la culli. La lista léxica ofrecida para esta lengua lleva el siguiente encabezamiento: «Lengua Culli de la Provincia de Guamachuco», y en ella encontramos, luego de un examen elemental de reconocimiento, no 43 sino, en el mejor de los casos, 36 voces. De las siete descontadas, tres son del quechua (<yaia> 'Dios', <aycha> 'carne', <challhua> 'pez') y cuatro del castellano (<alma>, <cuerpo>, <cielo>, <animal>).[4] Incidentalmente, los «vacíos» del culli responden sin duda alguna al carácter del léxico castellano, de orientación cristiano-religiosa, previamente seleccionado por el obispo, a partir del cual se busca obtener equivalentes en las lenguas índicas. Tan escueta documentación léxica de la lengua apenas se incrementa con otra más reducida aún, esta vez recogida a principios del siglo XX. Nos referimos a la lista de 19 expresiones (que incluyen algunas frases) registradas hacia 1915 por el cura de Cabana, el señor Teodoro Gonzales Menéndez, de labios de una anciana. Dicha lista le fue entregada a Paul Rivet en 1935 por el sabio peruano Santiago Antúnez de Mayolo, quien la da a conocer en su estudio mencionado, juntamente con la lista de Martínez Compañón (1985 [1785]: 3-5). La del cura Gonzales presenta tres coincidencias con la lista del obispo trujillano (<coñ> 'agua', <guro> 'palo', <pichon> 'pájaro') y contiene dos voces de procedencia quechua (<guallpa> 'gallina' y <nina> fuego'). Como resultado de ello, nos quedamos

4 Se ha querido reducir dicha lista en dos voces más, que serían <miù> 'comer' y <pichuñ> 'pájaro'; la primera provendría del quechua y la segunda del castellano (cf. Solís 1999: 43-44). No lo creemos así, pues emparentar el parcial <mi-> con la forma **mi-* del pre-protoquechua es claramente anacrónico; y, en cuanto al segundo vocablo, se trata seguramente de una coincidencia cercana, desde el momento en que, en ambos casos, estamos ante voces de origen onomatopéyico.

con 14 palabras asignables a la lengua, las que se suman a las 36, previamente depuradas, de la lista de Martínez Compañón, es decir con alrededor de 50 voces en total.

Ahora bien, la lista, obviamente, no podía considerarse cerrada. De hecho, y sólo para referirnos a la documentación colonial, Silva Santisteban (1982) agrega a dicha lista algunas palabras más, especialmente nombres propios de las divinidades locales, entre ellas el de Catequil, de gran veneración en el imperio, entresacadas de la *Relación* agustiniana. ¿Significa esto que allí acaba el corpus léxico de la lengua? En manera alguna, puesto que, como se verá luego, en los últimos veinticinco años ha surgido un interés cada vez más creciente en el rastreo de mayores datos acerca de ella.

3. Estudios sobre el culli

Los estudios contemporáneos de la lengua empiezan a raíz del «descubrimiento» del *Plan* de Martínez Compañón, dado a conocer, de manera independiente, por Zevallos Quiñones (1948) y Paul Rivet (1949). Ambos investigadores, el primero basándose en la versión perteneciente a la colección de la obra del obispo existente en la Biblioteca Nacional de Bogotá, y el segundo apoyándose en la versión correspondiente a la de la Biblioteca del Palacio de Madrid, ofrecen un estudio de conjunto de las lenguas registradas en el cuadro, reproduciendo sus vocabularios respectivos. De esta manera, la lengua, que sólo se conocía por las referencias esporádicas ofrecidas por la documentación colonial conocida hasta entonces, adquiría cierta corporeidad, bien es verdad en forma escueta y sólo en su manifestación léxica. Recordemos, además, que el estudioso francés le agrega a la lista del obispo trujillano el vocabulario del cura Gonzales.

No obstante tales auspicios, el idioma originario de los cajamarcas y huamachucos tardará en convocar el interés de los especialistas en lenguas andinas, abocados como estaban éstos al estudio de las lenguas «mayores» del antiguo Perú. En efecto, sólo en el último tercio del siglo pasado los investigadores del área andina dirigen su atención hacia el culli. De este modo aparecen, primeramente, trabajos de toponimia, y luego, de acopio del léxico en general a partir del castellano de la región. Los estudios del primer tipo buscan inicialmente, a través de la identificación de los topónimos asignables a la lengua, delimitar su área de emplazamiento.[5] En el entretanto, Silva Santisteban (1982), compul-

5 Nótese que la postulación de que el culli se habría hablado incluso en la región del Marañón perteneciente al actual departamento de Huánuco se ha hecho sobre la base de la interpretación

sando fuentes documentales, arqueológicas y lingüísticas, ofrece una síntesis de la historia de los pueblos de habla culli, con un apéndice del vocabulario de la lengua conocido hasta entonces, al que agrega los términos que pudo espulgar de la *Relación* agustina, según se dijo. Los estudios toponímicos aludidos, a su turno, son los de Krzanowski y Szeminski (1978), Adelaar ([1988] 1990) y Torero (1989). El segundo de ellos constituye ciertamente un estudio magistral en el que se combinan por igual tanto las fuentes documentales como el trabajo de campo, hecho que le permite a su autor, documento en mano, arrancarles a los nombres de lugar, hasta entonces «mudos», los significados que portaban. Tanto fue el entusiasmo desplegado por Adelaar en sus pesquisas de campo que contagió a muchos de sus lectores en la esperanza de encontrar todavía, refugiados entre los breñales casi inaccesibles de la región, a los últimos hablantes de la lengua. Transcurridos algunos años desde entonces, sin embargo, tal parece que las referencias de que por ahí se hablaba una lengua distinta al aimara y al quechua no pasaban de ser cantos de sirena.

En efecto, así parece probarlo la averiguación de campo efectuada tanto en puntos específicos como en toda el área asignable a la lengua. Como resultado de tales indagaciones, contamos ahora con registros léxicos circunscritos, bien a una localidad concreta, como los de Escamilo Cárdenas (1993) y Pantoja (2000), o, más ambiciosamente, buscando cubrir toda la región culli sugerida por los trabajos toponímicos, como los de Flores Reyna (2000, 2001). Esto, sin contar el *Diccionario geográfico e histórico de Cajamarca,* de Carlos Burga Larrea (1983), así como pequeños ensayos y monografías del área concernida, que contienen abundante material claramente culli. En general tales acopios, realizados espontáneamente, casi al azar, y sin ninguna orientación metodológica, tienen sin embargo la virtud de ensanchar de manera apreciable el caudal léxico atribuible a la lengua. Obviamente, el vocabulario culli hay que buscarlo dentro del léxico del castellano de la región, confundido como está con palabras de clara procedencia quechua, tal como ya se manifestaba en la crónica agustiniana del siglo XVI. De allí que una de las limitaciones de tales trabajos, en principio muy modestos en calidad y cobertura, consiste en la impericia en que caen sus autores a la hora de hacer un escrutinio elemental de las voces asignables a la lengua. Sirva como descargo el hecho de que no siempre es posible hacer un distingo tajante entre un término del quechua regional y otro

de <linga> como equivalente de culli, ya que en el diario de la visita pastoral mencionado se indica que en los pueblos de Mancha y Guarigancha se habla el <linga> (Mogrovejo [1593] 1921: 31). Discrepamos en este punto de nuestro buen amigo Adelaar, pues contrariamente a lo que él señala, no resulta «difícil dudar de que el ilinga y el culle fueran la misma lengua» (Adelaar [1988] 1990: 85-86).

de origen culli. Sin embargo, ello no impide que señalemos que, por lo menos en las recopilaciones más recientes, no ha sido tomado como pauta el examen cuidadoso que emprendió Andrade (1996) de los materiales cullis conocidos hasta entonces, hecho que se deja sentir incluso en el recuento ofrecido por Solís Fonseca (1999). Una nota común a tales estudios, exceptuando el trabajo mencionado de Andrade, es que en ninguno de ellos se presta atención suficiente a la posible supervivencia de elementos gramaticales asignables a la lengua. Nuestro paso siguiente consiste en llamar la atención sobre este hecho precisamente.

4. El sufijo *-enque*

En 1990, cuando nuestro recordado profesor don Alberto Escobar preparaba la versión castellana de la tesis que le valiera para obtener su doctorado en la Universidad de Munich (1960), obra que salió a luz poco después (Escobar 1993), nos escribió desde su retiro norteamericano indagando sobre el origen extraño del sufijo *-enque,* colocado por el novelista Ciro Alegría en labios de algunos de sus personajes de *La serpiente de oro*. Descartado el castellano como lengua fuente del sufijo, quedaba la posibilidad de que tuviera un origen sustratístico, ¿pero de qué lengua? Le decíamos en respuesta que no podían ser ni el quechua ni menos el aimara, y nos aventurábamos a señalar que podría ser el culli, dado que el espacio en el que se desenvolvía la novela quedaba precisamente dentro del área geográfica de dicha lengua: la provincia cajamarquina de Cajabamba. Para entonces, como se podrá recordar, todavía no se había desatado el interés por recoger el léxico del castellano regional de la zona y los aportes monográficos locales permanecían ignorados. Con una respuesta vaga como la nuestra, don Alberto sólo pudo observar escuetamente, al comentar sobre el origen del sufijo, lo siguiente: «El origen de *-enque* no es claro, e incita a pensar un efecto de sustrato o préstamo» (Escobar 1993: § 3.6).

4.1. Documentación

El sufijo en cuestión, para ceñirnos únicamente a su registro en la novela mencionada, sólo aparece en cuatro oportunidades, en el segundo capítulo, que lleva por título «El relato del viejo Matías». Citemos, pues, los pasajes pertinentes, en los cuales destacamos, en cursivas, el empleo del morfema respectivo.

(a) El viejo Matías describe una de las crecidas más violentas del río en estos términos: «Se llevó dencuentro to un lao diun yucal y dos balsas questaban más abajo, en el varadero, sacadas aun sitio onde no llegó lagua, sinó hace *tiempenque...*» (*op. cit,* p. 18).

(b) Siempre evocando los desastres causados por dicha crecida, don Matías augura otra catástrofe, exclamando: «¡Ah, creciente deste añu! Habrá memoria della pa un *tiempenque...*» (p. 20).

(c) Cuenta don Matías la hazaña que realizó su hijo Rogelio en aquella crecida, cuando tuvo que cruzar el río a nado llevando víveres para unas personas que habían quedado varadas en la otra orilla. En dicha ocasión, los «señores lecharon una soga y salió luego. La güelta, ya sin peso, jue más fácil, pero con to salió *abajenque...*» (p. 22).

(d) Arturo, uno de los dos hijos del viejo Matías, planea ir a traer palos para construir una balsa, y como su interlocutor (que en este caso es el relator) se excusa, anima a su hermano Rogelio para que lo acompañe en dicha empresa: «¿Y vos, hom? Vamos contigo, *nadadorenque...*» (p. 24).

Pues bien, como se puede apreciar, el empleo del sufijo es registrado en verdad sólo tres veces, pues en (a) y (b) se repite el mismo ejemplo. Ello podría inducir a pensar que su uso fuera «poco frecuente», como parece insinuarlo don Alberto (Escobar 1993: § 3.1), y de hecho lo es en la novela, pero, como se verá luego, la situación se reclama diferente. Para emplear un fraseo corriente en lingüística descriptiva, bien podríamos decir que, en el presente caso, estaríamos ante una orfandad accidental mas no sistemática. De otro lado, en cuanto al significado que le imprime el sufijo al elemento derivado (adverbial, fundamentalmente), el propio novelista nos lo sugiere, valiéndose de un artificio aclaratorio a favor de uno de los personajes, en este caso el «forastero», quien no parece captarlo plenamente, en el pasaje de (a), ante la expresión *tiempenqe* usada por el viejo Matías. En efecto, aquél le interrumpe: «Mucho [tiempo], ¿entonces?», a lo que responde el anciano: «Cual nunca, señor, dinó haciañus...» (*ibídem*). Se trata, pues, como se ve, de un sufijo que intensifica el valor adverbial o adjetival de la base a la que se le agrega, y así lo identifica, correctamente, don Alberto Escobar. De esta manera *tiemp-enque* significa 'mucho tiempo atrás', *abaj-enque* equivale a 'mucho más abajo', y *nadador-enque* vale tanto como 'nadador eximio'.

Ahora bien, no obstante lo adelantado, podría pensarse que lo único que ilustra tan magro registro son formas lexicalizadas, y, por consiguiente, no sería propio hablar, únicamente a la luz de tales ejemplos, del *empleo* de un sufijo culli, no al menos sincrónicamente. Sin embargo, como se dijo, el hecho es que dicho derivativo goza de amplio uso hasta la actualidad, y no sólo —ahora lo sabemos— en el habla de Cajabamba, lugar donde se ambienta nuestra novela, sino también, hasta donde la información lo permite, en localidades de las provincias liberteñas de Sánchez Carrión y Santiago de Chuco (cuna del poeta Vallejo), todas dentro del área culli. De hecho, quien primeramente nos sacó de la duda fue el excolega sanmarquino Simón Escamilo Cárdenas, profesor de geografía, cuando luego de presentarlo en el Primer Congreso Regional de Arqueología y Etnohistoria del Norte Peruano (realizado entre el 14 y 19 de junio de 1993 en la ciudad de Piura), nos cedió la versión mecanografiada (inédita hasta ahora) de su ponencia (Escamilo Cárdenas 1993). En ella dimos de inmediato con la entrada <feyenque>, definida como «feo, horrible en grado superlativo», además de con la siguiente ejemplificación: «Realmente ese sapo es muy feyenque» (p. 6). No sólo, pues, el significado estaba plenamente aclarado sino que la vigencia del sufijo, esta vez como un elemento derivacional propio del castellano de Huamachuco, se corroboraba definitivamente, sobre todo ante la pregunta que le formuláramos al respecto al investigador mencionado, quien nos proporcionó de inmediato otros ejemplos que brotaban espontáneamente de sus labios, uno de los cuales era *burr-enque* ‘torpe en grado máximo’. Incidentalmente, no parece haber redundancia en la expresión «muy feyenque» citada previamente, pese a que el autor sugiere un grado superlativo para el adjetivo, sencillamente por el hecho de que, en el habla popular, es frecuente oír «muy feísimo». Para abundar sobre lo mismo, con posterioridad a la fecha señalada, quienes han seguido «tras las huellas» del culli, no han hecho sino documentar dicho uso, tanto en el trabajo bibliográfico como en el de campo (Andrade 1996: 103-104; Flores Reyna 2000, 2001).

De esta manera, abundan ahora ejemplos en los que aparece empleado el sufijo, como lo ilustran los siguientes casos:

all-enque	‘mucho más allá’
arrib-enque	‘mucho más arriba’
flaqu-enque	‘flaquísimo’
golp-enque	‘golpe muy fuerte’
grand-enque	‘mucho más grande’
lej-enque	‘mucho más lejos’
mal-enque	‘muchísimo mal’
oscur-enque	‘oscurísimo’

Como puede apreciarse, en el proceso de derivación respectivo, la regla de sufijación exige la caída de la vocal temática, cuando la base acaba en vocal, mientras que cuando termina en consonante se produce el engarce automático. El caso de *fey-enque*, citado más arriba, parte sin duda de una forma *feyo*, propia del castellano rural. Sin embargo, a estar por las variantes *alla-s-enque* y *lej-enque-s*, parecería que el proceso no es tan simple. De acuerdo con la interpretación que sugerimos, la primera variante podría apuntar a una base apreciativa previa: *allacito*, es decir [alasito], con síncopa del parcial *ito;* la segunda, en cambio, parecería ilustrar una derivación por infijamiento, en la que el morfema estaría incrustándose, quebrando la unidad léxica de *lejos*. Como quiera que fuese, es obvio que se requiere un examen más detenido del funcionamiento del sufijo, lo que podría hacerse de manera sencilla y rápida, siempre y cuando los recopiladores del léxico no se limiten a consignar pasivamente lo que escuchan, como ha sido la práctica hasta ahora. Por lo demás, formas como *all-enque* ~ *alla-s-enque* y *lej-enque* ~ *lej-enque-s* han sido tomadas aquí como meras variantes, puesto que de las glosas que los recopiladores les otorgan no parece desprenderse una diferencia de significado notoria (cf., por ejemplo, Flores 2000: 183).

4.2. Un préstamo inusual

Quienquiera que esté familiarizado con el castellano andino, especialmente con su variedad rural, no dejará de sorprenderse al encontrar, dentro de su sistema gramatical, un sufijo de procedencia nativa. No estamos hablando aquí de la interlengua de los bilingües, conocida también como *media lengua* (cf. Muysken 1979), sino del habla de una región castellanizada tempranamente, cuyos habitantes se ufanan de no hablar el quechua o cualquier otra lengua indígena. Si otro tanto no ocurre en vastas zonas del Ande en las que el quechua, el aimara, el mochica o el puquina dejaron de hablarse, la pregunta que no puede dejarse de formular consiste en saber a qué se debería el caso excepcional del préstamo culli incorporado dentro de la variedad de castellano referida. O sea, en otras palabras, ¿cómo es que una lengua menor como el culli deja una marca gramatical en el castellano y no ocurre otro tanto con el quechua o el aimara, con haber sido las «lenguas mayores»?

Al respecto, la hipótesis que quisiéramos ensayar tiene que ver con los prejuicios y actitudes idiomáticas imperantes en las regiones de fuerte contacto del castellano con las lenguas indígenas vigentes, particularmente el quechua y el aimara. Precisamente por su persistente arraigo y notoriedad estas lenguas fueron objeto de profundo menosprecio por los grupos de habla castellana, sobre todo costeña, a quienes siempre les apestó todo aquello que sonara a «indio». De allí que se estuviera en una suerte de «guardia» permanente ante los quechuismos o aimarismos que no fueran léxicos (y aun en este nivel las «depuraciones» deliberadas siempre estuvieron a la orden del día). Allí donde, en cambio, las lenguas nativas cedieron tempranamente al castellano se dio una suerte de *pax lingüística,* y es en dicho contexto en el que, al perderse el recuerdo de la lengua nativa, desaparecía también todo espíritu inquisidor idiomático. La situación no podía ser más favorable para el culli, en la medida en que sus hablantes, tras la conquista española, abandonaron el quechua como segunda lengua para pasarse al castellano. Una vez castellanizados, todo aquello que formaba parte de su repertorio verbal, en tanto que no proviniera visiblemente del quechua estigmatizado, pudo pasar como «castellano»: después de todo, ellos no eran quechuahablantes, pues éstos estaban «más abajo» (en Ancash, por ejemplo) o en los latifundios cajamarquinos. En el caso concreto del sufijo que nos ocupa, además, se daba el hecho fortuito de que no sólo su fisonomía sino también su pronunciación parecían castellanas (libre de las íes y úes del quechua y del aimara).

Por lo demás, para terminar, resta señalar que *-enque* no sería el único sufijo admitido por la variedad del castellano liberteño-cajamarquino. De hecho, Flores (2000: 177; 2001: 39), que a menudo confunde sufijos con elementos parciales recurrentes que a todas luces son de carácter léxico, registra también el diminutivo *-ash,* que se da en ejemplos como *car-ash-a* 'carita', *oj-ash-o* 'ojito', *pezcuesh-ash-o* 'pescuecito', etc. No sabemos cuán productivo es el sufijo respectivo, ni si este uso es general o sólo propio del habla infantil, pero de todos modos no creemos estar aquí ante una mera acomodación del aumentativo castellano *-azo(a),* pues su significado es precisamente el opuesto. Nótese, por lo demás, el recurso a la palatalidad, en este caso de la sibilante castellana, para destacar su carácter afectivo (recurso muy socorrido también en el quechua centro-norteño, cotérmino con el antiguo territorio del culli).[6]

6 A propósito de influencias de índole gramatical, y en relación con el culli precisamente, se ha llamado también la atención sobre la posibilidad de que esta lengua le habría pasado un sufijo derivador modal, en la forma de *-t,* al quechua con el que colindaba por el sur (como, por ejemplo, en *wara-t* 'toda la noche' en el ancashino). La hipótesis (cf. Adelaar [1988] 1990: 93; Andrade 1996: 102-103) resultaba atractiva desde el momento en que no sólo estamos hablando de territorios compartidos por ambas lenguas sino que también, *internamente,* parecía que el resto de los dialectos quechuas no registraba un sufijo semejante, además de ocurrir, fonotácticamente, en un contexto inusual. Sin embargo, encontramos en el quechua huanca, libre de todo contacto con el culli, un sufijo bastante similar en forma y significado: nos referimos a una forma como la que aparece en la expresión *lika-t lika-t-ya-a* 'casi estoy por ver(lo)', con significado claramente modal, donde podemos apreciar, además, que la expresión adverbial *lika-t* puede verbalizarse mediante *-ya.* No dudamos, pues, que el quechua haya conocido un sufijo como el que comentamos, y su extraña fonotáctica podría explicarse al postulársele una protoforma *-ĉ* (de contextura fónica africada retrofleja).

5. Apreciación final

En las últimas décadas, con el «redescubrimiento» del culli, se pudo develar, sobre todo en los estudios toponímicos, su imponente e inconfundible fisonomía léxica, en medio de una vasta y accidentada geografía cubierta por el quechua y el castellano. Como se mencionó en las secciones precedentes, quienes prosiguieron con el trabajo de acopio léxico consignaron también, sin proponérselo, el uso de los sufijos mencionados, ya que parece que no repararon suficientemente en la importancia que merecían tales registros: aparecen en las listas ofrecidas, entremezclados y en un mismo nivel, no sólo sufijos como los discutidos, sino también recurrentes léxicos de formas compuestas, e incluso sufijos de claro origen quechua. Es más, de la simple consulta de las listas léxicas no se desprende ciertamente el que los sufijos cullis identificados sean productivos o no. Para saberlo, hacía falta poner atención a su estatuto especial, de orden gramatical, de manera de indagar por su productividad estimulando la creatividad de su empleo entre los hablantes. Tal es precisamente lo que hicimos en su momento cuando nos topamos por primera vez con el sufijo *-enque,* lamentablemente cuando el libro de don Alberto Escobar ya estaba impreso. Mientras tanto, sirva de lección el hecho de que, cuando muere una lengua, por insignificante que ella haya sido desde el punto de vista social y cultural, que no fue el caso del culli, puede dejar, sobre la dominante, un legado que trasciende el léxico para instalarse en su gramática. Para que ello se dé, naturalmente, han de ponerse en juego factores sociales y lingüísticos, como los que hemos tratado de sugerir en la sección precedente.

Referencias

Adelaar, Willem F.H. [1988] (1990): «En pos de la lengua culle», en Cerron-Palomino, Rodolfo y Gustavo Solís Fonseca (eds.): *Temas de Lingüística Amerindia.* Lima: GTZ-CONCYTEC, pp. 83-101.

Alegría, Ciro (1958): *La serpiente de oro.* Santiago de Chile: Nascimento.

Andrade, Luis (1996): «La lengua culle: un estado de la cuestión», en *Boletín de la Academia Peruana de la Lengua,* 26, pp. 37-130.

Burga Larrea, Carlos (1983): *Diccionario geográfico e histórico de Cajamarca.* Lima: Servicio de Artes Gráficos.

Calancha, Antonio de la [1638] (1978): *Crónica moralizada.* Lima: UNMSM.

Cerron-Palomino, Rodolfo (2002): «*Hurin:* un espejismo léxico opuesto a *hanan*», en Flores Espinoza, Javier y Rafael Varón Gabai (eds.): *El hombre y los Andes (Homenaje a Franklin Pease G. Y.).* Lima: PUCP e IFEA, Tomo 1, pp. 219-235.

Cieza de Leon, Pedro de [1553] (1984): *Crónica del Perú, Primera Parte.* Lima: Fondo Editorial de la PUCP.

Cobo, Bernabé [1653] (1956): *Historia del Nuevo Mundo.* Madrid: BAE, Ediciones Atlas.

Escamilo Cardenas, Simón (1993): «Vigencia del dialecto culle en Huamachuco». Ponencia presentada en el Primer Congreso Regional de Arqueología y Etnohistoria del Norte Peruano. Piura (14-19 de junio). Ms.

Escobar, Alberto (1993): *La serpiente de oro o el río de la vida.* Lima: UNMSM, Editorial Lumen.

Flores Reyna, Manuel (2000): «Recopilación léxica preliminar de la lengua culle», en *Tipshe,* 1, pp. 173-197.

— (2001): «Estudio comparativo del léxico culle en el castellano de las provincias de Santiago de Chuco (La Libertad) y Pallasca (Ancash)», en *Verbum,* 2, pp. 27-41.

Garcilaso de la Vega, Inca [1609] (1954): *Comentarios reales de los incas.* Buenos Aires: Emecé Editores S.A.

Krzanowski, Andrej y Ian Szeminski (1978): «La toponimia indígena de la cuenca del río Chicama (Perú)», en *Estudios Latinoamericanos,* 4, pp. 11-51.

Martínez Compañón, Jaime Baltazar [1785] (1985): *Trujillo del Perú en el siglo xviii.* Madrid: Ediciones de Cultura Hispánica, Vol. 2.

Mogrovejo, Toribio Alfonso de [1593] 1920: «Diario de la segunda visita pastoral de su arquidiócesis» en *Revista del Archivo Nacional del Perú,* 1, pp. 31-81; 227-279: 401-491.

— [1553] (1921): «Diario de la segunda visita (Continuación)», en *Revista del Archivo Nacional del Perú,* Tomo 2, pp. 38-78.

Muysken, Pieter (1979): «La mezcla de quechua y castellano. El caso de la 'media lengua' en el Ecuador» en *Lexis,* 3: 1, pp. 41-56.

Pantoja Alcántara, Isabel (2000): *Presencia del culle en el castellano regional de Santiago de Chuco-La Libertad.*Lima: UNMSM. Tesis de maestría sin publicar.

Ramos Cabredo, Josefina (1950): «Las lenguas en la Región Tallanca», en *Cuadernos de Estudio del Instituto de Investigaciones Históricas,* Tomo 3: 8, pp. 11-55.

Rivet, Paul (1949): «Les langues de l'ancien diocèse de Trujillo», en *Journal de la Societé des Américanistes,* pp. 1-51.

San Pedro, Juan de [1560] (1992): *Relación de los agustinos de Huamachuco.* Lima: Fondo Editorial de la PUCP.

Silva Santisteban, Fernando (1982): «La lengua culle de Cajamarca y Huamachuco», en *Cantuta,* 9, pp. 138-148.

Solís Fonseca, Gustavo (1999): «La lengua culli revisitada», en *Escritura y Pensamiento,* 4, pp. 29-48.

Torero, Alfredo (1989): «Áreas toponímicas e idiomas en la sierra norte peruana», en *Revista Andina,* 15, pp. 237-263.

Zevallos Quiñones, Jorge (1948): «Primitivas lenguas de la costa», en *Revista del Museo Nacional,* XVII, pp. 114-119.

LA GRAMATICALIZACIÓN DE *QUE* EN EL ESPAÑOL ANDINO PERUANO

ANNA MARÍA ESCOBAR
University of Illinois, Urbana-Champaign

1. Introducción

El área de las lenguas en contacto provee una fuente importante de datos que nos permite analizar la variación lingüística más allá de las ofrecidas por variedades en áreas monolingües. Este trabajo se enmarca en esa perspectiva y quiere llamar la atención sobre una función que considero innovadora en el uso de la expresión *que* en algunas oraciones subordinadas nominales y adjetivas del español andino en el Perú. El artículo propone dos hipótesis tentativas que hacen referencia a este uso innovador de la expresión *que*, ejemplificado en (1) y (2).[1]

(1) sí es / la gente que está en la ciudad y bueno *que* a veces está influenciada demasiado por la cultura occidental...

(2) porque hace un calor / hace ahí puro así verano toda la vida / es en tiempo de invierno un poquito tá llovidendo / pero tá con el sol / sí / *que* no se ve casi el invierno / no se puede diferenciar del mismo

Los dos ejemplos provienen del habla de dos nativos hablantes del español (y el quechua) que nacieron y crecieron en la zona andina. En estos ejemplos, vemos la expresión *que* insertada en contextos en los que un hablante de una zona monolingüe no lo emplearía. Nótese, además, que la expresión *que* aparece en estos ejemplos tanto en función adjetiva (1) como nominal (2).[2]

1 Las barras oblicuas que aparecen en las transcripciones de los ejemplos representan pausas en el discurso del hablante.

2 Por «adjetiva» me refiero a la función tradicional de pronombre relativo. Por «nominal» me refiero a la función tradicional de complementarizador.

Algunos estudiosos consideran que la expresión *que* en subordinadas adjetivas y nominales es la misma (cf. Givón 1991 sobre *that* en inglés; Kayne 1976 sobre *que* en francés). Es decir, interpretan la función de *que* en esas lenguas como una única, en este caso, como la de un marcador subordinante. Nuestros datos del español andino apoyan este análisis. Por lo tanto, nuestra primera hipótesis propone el análisis del *que*-adjetivo y el *que*-nominal como el de una sola expresión en el español andino. La segunda hipótesis de este trabajo propone que la expresión *que* puede tener una función discursiva (innovadora) además de su función sintáctica de introducir cláusulas subordinadas.

Los datos de este estudio provienen de grabaciones de conversaciones espontáneas con hablantes nativos del español y el quechua en su lugar de origen (el departamento del Cuzco) o en Lima.[3] En los textos (que contienen cerca de 20 mil palabras) he encontrado 591 casos de *que*.[4] La distribución aparece en el cuadro 1. Del total, 121 constituyen usos no-canónicos de *que*, es decir, usos no esperados en las variedades estandarizadas de español de zonas monolingües, es decir en variedades que pertenecen a lo que se conoce como «español general».

Cuadro 1: Distribución de los ejemplos con *que*

		Nominales		Adjetivales	
Total	N = 591	N = 364		N = 227	
Canónicos	N = 470	275	75%	195	86%
No canónicos	N = 121	89	25%	32	14%

De estos, se encuentra más casos no canónicos en las nominales (25%) que en las adjetivas (14%). A continuación paso a analizar los casos no canónicos.

3 El estudio se basa en 15 entrevistas hechas con adultos (hombres y mujeres) que han nacido y crecido en la zona andina, y son nativohablantes del español y del quechua (*bilingües simultáneos*). Los nueve hablantes del departamento del Cuzco provienen de zonas semiurbanas y urbanas. Las 6 entrevistas recogidas en Lima provienen de migrantes de diferentes partes de la región andina. Todos son hablantes nativos de la variedad dialectal conocida como el español andino.

4 Los datos contienen 629 casos de *que*. 35 de ellos son casos de un *que* comparativo y 3 son de un *qué* interrogativo. En este trabajo analizo los 591 restantes.

2. Subordinadas adjetivas

El referente del *que*-adjetival en la cláusula subordinada puede tener función sintáctica de sujeto, de objeto directo y de objeto de preposición. Sin embargo, se encuentra una tendencia a emplear *que* como la única expresión que introduce la cláusula subordinada, sugiriendo que se trata de un marcador subordinante y no de un pronombre relativo. Este uso de un *que* generalizado en los casos del *que*-adjetival se ha encontrado en el español desde el español antiguo (Keniston 1937; Lapesa 1986). En el español contemporáneo, se ha reportado en Argentina, las Antillas, Chile, Perú, Santo Domingo y Venezuela (cf. Kany 1976: 373; Alvar 1996; Vaquero 1996: 34). Sin embargo, su empleo parece ser más extendido en el español andino como vamos a sugerir en este trabajo.

El uso generalizado y reductivo de *que* lo encontramos en casos como en (3), donde *que* se prefiere a las expresiones *en los que* o *donde*.

(3) cuánto cuánto habrá ahí así pueblos *que* no hay colegio

Sin embargo, este *que* generalizado se encuentra inclusive en contextos sintácticos en los que en las variedades monolingües se emplearía otra expresión. Como ilustración, en el ejemplo (4) se emplea la expresión *que* para sustituir a *cuando*, en el ejemplo (5) sustituye a *donde*, e incluso a *como* en el ejemplo (6).

(4) hubo una cosa que yo me pregunto y nunca creo me voy a dar respuesta / al separarse mi papá de mi mámá / precisamente cuando nosotros veníamos [a Lima] / era [cuando >] *que* dijo «bueno Berta» le dijo mi papá / «a tus hijos no los vas a ver hasta que ellos tengan mayoría de edad»

(5) pero con los que he tenido dificultad es con el quechua de Huánuco / sí no tanto porque eh de por medio está Junín / [donde >] *que* está el Huanca / muy pocas palabras del Huanca entiendo yo

(6) No solamente ahora / sino desde antes es así [como >] *que* mi abuela ha sido educada

De manera adicional, he encontrado la combinación *(d)onde que* (7), cuyo uso parece estar más extendido en el español bilingüe.[5]

5 Mientras el español andino es una variedad dialectal y de contacto cuyos hablantes son nativohablantes de español (y algunos también del quechua), el español bilingüe es una variedad socio-étnica del español peruano que, además, es una variedad de segunda lengua para sus usuarios que son nativohablantes del quechua. Algunos ejemplos de *(d)onde que* en el español bilingüe se encuentran a continuación.

(7) por ejemplo ahí tengo un familiar que es un padre A. I. / quien él ahí cerca de *donde que* enseña a hablar [quechua] así / porque hay muchas personas que desean aprender y saber mismo qué es el quechua

Todos estos casos apuntan a una generalización de la función sintáctica de *que*, convirtiéndola en un marcador subordinante, donde la diferenciación entre tipos de *que*-adjetival y entre éstos y el *que*-nominal desaparecen.[6] Propongo que esta generalización del uso de la expresión *que* es un primer paso para el surgimiento de una función discursiva que encontramos de manera incipiente en las subordinadas adjetivas (14%), pero de manera ya más extendida en las subordinadas nominales (25%; ver cuadro 1).

En el caso de las adjetivales, si bien el referente relativizado puede tener diferentes funciones sintácticas en la subordinada, también puede tener cualquier función en la cláusula principal. Sin embargo, encuentro que el 36% de los casos no canónicos se da en función de objeto espacial o temporal (8), mientras el 52% representa un sujeto de verbo intransitivo (34%) (9) o un referente en función de paciente en la cláusula principal (21%) (10). El sujeto en función de agente representa solamente el 3% de los datos.[7]

(8) ella [mi madre] por ejemplo también habla quechua / y lo habla muy bien / y habían oportunidades / por ejemplo / *en la casa* / *que* comunicaban con mi papá / hablaban en quechua / en voz alta

(9) *una gran parte de su población* / son procedentes de las provincias altas / Espinar / Chumbivilca / Santo Tomás / no? / *que* por su negocio / por la profesión que desempeñan se han venido a establecer aquí a Sicuani

(10) hablo muy despacio y muy pausadamente / y de otro lado / con otras personas que utilizan *otras variantes del quechua que* es un poquito más dificultoso

Nótese que el referente (también en itálicas) de las subordinadas del *que*-adjetival no canónico en (11) tiende a ser un argumento que es considerado como

---

(a) fíjase que parece mentira / eso *onde que* vivía yo [en] esa parte no había colegio

(b) entonces ese pueblito se quedó muy atrasado / atrasado / claro *onde que* entraban colegio *onde que* había que daba clases claro.

En una comunicación personal con Fátima Laredo de la Universidad Tomás Frías de Potosí, Bolivia, ella menciona la existencia de esta construcción *(d)onde que* como también frecuente en Potosí, especialmente en el habla de bilingües. Esto indicaría que el uso de la construcción *(d)onde que* es más extendido de lo que los datos parecen sugerir.

6 Esta generalización del *que* la encontramos tanto en nuestros datos con hablantes del español andino, así como en el habla de los hablantes del español bilingüe.

7 El porcentaje restante representa otros casos de objeto.

menos marcado según la jerarquía argumental (o de caso) que propone Givón (1984: 89, 134, 139).

(11) agente > dativo > paciente > (sujeto de V intransitivo) > temporal/espacial

Los contextos sintácticos en los que aparece el *que*-adjetivo no canónico parecen sugerir una restricción en los contextos sintácticos en los que puede aparecer. Esta restricción sintáctica se interpreta en la literatura funcional como indicadora de un proceso de gramaticalización (cf. Givón 1979: 207-233; Lehmann 1988). Es decir, el hecho que el *que* no-canónico aparezca sólo en ciertos contextos sintácticos sugiere que tiene una función específica y diferente a la de los casos canónicos. Con respecto a los contextos sintácticos, cabe aclarar que la posición de un argumento dentro de la jerarquía de caso propuesta por Givón correlaciona con la mayor (e.g. agente) o menor relevancia semántica (y temática) que tiene un argumento dentro del enunciado (Givón 1984: 139). Por lo tanto, si encontramos que en nuestros datos hay una correlación inversa a la jerarquía de relevancia semántica/temática de los argumentos, podemos hipotetizar, entonces, que la presencia del *que* ante una subordinada adjetiva parece tener la función de resaltar esta información que sigue por la misma razón que la expresión nominal referencial está en un argumento de la cláusula principal que tiene baja relevancia semántica dentro del discurso. El *que* aparece con una función discursiva que consiste en resaltar la información que sigue y que, además, *pertenece* a un argumento con poco peso semántico dentro del discurso. Encontramos que esta función discursiva también se expresa en las subordinadas nominales.

3. Subordinadas nominales

Los casos no-canónicos en las subordinadas nominales incluyen usos de *que* precediendo subordinadas en función de paciente (50% de los casos), en función de adjunto-nominal (33% de los casos, ejemplo 12) y siguiendo al verbo *ser* (oraciones ecuacionales) (10% de los casos, ejemplo 13).[8]

8 Sólo en uno de los casos la subordinada nominal cumplía la función de sujeto. Se trata de un caso con un verbo de movimiento y con un *de* dequeísta (c).
(c) se establecieron acá / de ahí viene de que / casi el 80 por ciento se puede decir de sicuaneños nacidos aquí / aspiran más a irse a Arequipa que al Cuzco o a otro lugares del Perú
Cabe mencionar que también en el quechua las subordinadas nominales con función de sujeto tienen un uso restringido (Cerrón 1987: 315).

(12) así en casa he trabajado / yo busqué un tra[bajo] por eso *que* en Pueblo Libre he estudiado ahí

(13) por la más altura por la serranía habla ya el quechua / no más ya no habla ya casi el castellano / por la misma razón es *que* los criaturas nacen con ese idioma ya porque de los padres hablan pues desde que nacen

Las subordinadas en la función de objeto aparecen en un 60% con verbos cognitivos, de emoción y de percepción, así como un 34% con verbos de comunicación.[9] Es importante hacer notar que todos estos verbos expresan algun tipo de modalidad, sea epistémica o evidencial. La persona sujeto de estos verbos es la tercera persona (incluyendo el impersonal) en el 70% de las veces. La primera persona es empleada en el 30% restante. El sujeto de la subordinada es primordialmente también la tercera persona (incluyendo el impersonal) en un 85% de las veces, mientras que la primera persona sólo ocupa el 14% de los casos.

Los datos muestran que la expresión *que* en las subordinadas nominales no canónicas aparece con verbos que expresan modalidad o en contextos sintácticos restringidos (después de la cópula *ser*).[10] Esta especialización de los contextos sintácticos y verbales en los que aparecen los casos no canónicos con *que* son, como dijimos, usos de lo que Lehmann propone como evidencia de gramaticalización (1988). Los datos sugieren, además, que en estos contextos *que* cumple una función discursiva. Desde una perspectiva semántico-pragmática, la presencia de *que* en los casos nominales no canónicos ocurre en contextos donde *que* parece cumplir la función discursiva de resaltar la información que sigue (también en cursivas) (14-17).

(14) no hay ni reemplazo no hay ni permiso nada / Srta. Teresa se amargó dijo que ya no [ha]ber reemplazo / nada / porque mucho pidían / mandaban puro reemplazo *que los niñitos no pueden estar con reemplazo* / tiene que acostumbrarse con una sola persona / sí no le ha gustado / así que por ese motivo ya no viajé

(15) mi hermano mayor que estaba acá en Lima / él me dijo pué que me iba a ayudar así y vine pué yo a estar con él / o sea a vivir con él / pero tuve problemas *que la esposa de mi hermano no me entendía* / claro al comienzo cuando llegué no más estudiaba no? / estaba en una academia de preparación

9 El porcentaje restante es con el verbo de movimiento mencionado en la nota 7 y con el verbo *hacer*.

10 El contexto después del verbo *ser* y después de verbos de percepción coinciden con los contextos en los que aparece un *que*-intruso en el habla de niños franceses (cf. Roehrs y Labelle 2003).

(16) [las otras empleadas] me había contado que les grita / les hace la vida imposible a veces / yo voy / sé hacer mis cosas perfecta le digo / porque siempre mi mamá me ha enseñado pé *que nunca había trabajao* / ese fue el primer trabajo que había conseguido pé pa la señora / le resulté bien porque estaba como 5 años con ella

(17) cuando entré era todo el día / el jardín era todo el día / todo el día / ya era hasta medio día / ya cuando entré a primer grado / ya era hasta / *que antes no se utilizaba el primer grado sino el transición* / entonces yo entré allí / era ya este como se llama hasta los sábados estudiaba pé todo el día

En el ejemplo (14), *que* sirve para enfatizar la seriedad o relevancia de la proposición *los niñitos no pueden estar con reemplazo (maestros temporales)*. Si bien el contenido original de la proposición es dicho por otra persona, al enfatizarlo, el hablante parece comunicarnos que él también lo considera relevante. En el ejemplo (15), *que* enfatiza el hecho que los problemas que tenía el hablante cuando llegó a Lima a casa de su hermano, tenían que ver con su cuñada. Esta información no sólo es relevante para el hablante, sino también para el oyente que puede entonces comprender la magnitud de la problemática de vivir en la casa del hermano. En el ejemplo (16), la hablante hace referencia a su primer trabajo. Esto no lo sabemos hasta que ella lo presenta como relevante para entender por qué necesita explicar sus habilidades para el trabajo. Al introducir la subordinada precedida por *que* en el discurso, el hablante aclara la razón de su necesidad de explicación. En el ejemplo (17), el hablante parece interrumpirse (de *hasta* cambia a *que*) para insertar una cláusula con información relevante: la existencia de un grado intermedio entre jardín y primer grado cuando el hablante inició la escuela y fue lo que motivó que él comenzara a asistir todo el día a la escuela antes de empezar el primer grado. Nótese que en todos estos ejemplos, la información podría haber sido traida al primer plano mediante el uso de una cláusula principal. Los hablantes del español andino eligen hacerlo mediante una subordinada precedida con un uso innovador del *que*.

Contextos semejantes a los anteriores, en los que se quiere resaltar la información que sigue, serían aquellos en los que los hablantes emplean la expresión *que* antes de una cita dicha por el hablante mismo (18, 19) u otra persona (20), como en los siguientes ejemplos.

(18) también mi abuela sí [habla quechua] / perfectamente / claro con / un poco con nosotros no? / pero incluso te voy a decir / *que todos mis tíos hablan quechua* / todos / y ellos en estos momentos son profesionales como yo / y no tenemos recelo de hablar el quechua cuando es necesario

(19) hablan en quechua / y te diré que lo hacen sin temor / porque es su forma de expresarse / bueno / si yo tendría que opinar algo del castellano de ellos / *que es un poco dificultoso para comunicarse* /

(20) mis hermanos están ya... / por ejemplo lo que sigo yo a su atrás / él ya se ha recibido ya este año que sigue / me han hecho llamar pa su graduación *que s'iba recibir que pa contador de una...* / toditos tán estudiando en la universidad de Huánuco toditos /

Nótese que los hablantes resaltan ya sea la información específica que el mismo hablante está comunicando (18) o su opinión (19), así como información dada al hablante por otro que es importante para lo que está comunicando al oyente (20). Esta estrategia discursiva, semejante a un uso *redundante* de *que* con la intención de resaltar cierta información que se está comunicando en el discurso, también la encontramos empleada en las subordinadas adjetivas como en los ejemplos (21-22).

(21) / tenemos... datos / o sabemos de que por los años del 74/75 / creo que / se quiso establecer una educación bilingüe / pero la misma *que tuvo malos resultados* porque / de hecho la... los comuneros lo que quieren que aprendan sus hijos es el castellano

(22) como [Lima] estaba pues en pleno verano / la calor me molestaba y yo decía será así todo el año / ... no le digo primer vez [en Lima] pue a los 18 años / todavía ya otras [jóvenes] *que desde chiquita vienen* [a Lima de la sierra] no? / ya se acostumbran / vienen y van... / para mí era difícil / yo ya vine grande ya pue / mayor ya pué

Nótese que en estos dos ejemplos *que* no aparecería en variedades monolingües de español. Esta estrategia discursiva también la encuentro en el español bilingüe, que aunque no lo estoy discutiendo en este trabajo, quiero presentar algunos ejemplos como ilustración (23).

(23) a. yo he pasado un momento difícil [cuando vine a la ciudad] / y yo no quiero que ellos [mis hermanos] también *que pasan así*

b. [el castellano] es que me pareció una palabra bonita / una palabra *que muy fácil de pronunciarlo*

c. [el kerosene] sí es más barato [como fuente de luz] pero / dice que el kerosene *que hace dolor de cabeza* me han dicho / el humo *que da dolor de cabeza* / y por eso ya no uso

Si bien los ejemplos (23a) y (23b) son claros casos de subordinadas adjetivas el ejemplo (23c) no lo es. Desde el punto de vista sintáctico podría tratarse de un caso de subordinadas adjetivas (*el kerosene que hace (da) dolor de cabeza, el humo que da dolor de cabeza*) o de subordinadas nominales que aparecen en secuencia después de otra subordinada nominal (*dice que* el kerosene *que* hace dolor de cabeza), ya que *que hace dolor de cabeza* hace referencia al tópico de enunciado, *el kerosene*. Igualmente, podría tratarse de una subordinada nominal si se le considera antepuesta al verbo que le sigue (*me han dicho que* hace dolor de cabeza), orden sintáctico que se encuentra en el español en contacto con el quechua. Desde el punto de vista semántico-pragmático, sin embargo, en todos los ejemplos en (22) los hablantes quieren resaltar la información que aparece en itálicas y en negritas mediante el recurso sintáctico de la subordinación para separar la información del resto del discurso. Es decir, mientras la subordinación, en el español monolingüe, es un recurso sintáctico que sitúa la información en el segundo plano como menos importante (*backgrounding*), en el español andino, la subordinación puede cumplir la función opuesta, la de traer la información al primer plano para resaltarla (*foregrounding*).[11]

4. El quechua

Si bien el quechua no permite oraciones relativas, permite, en cambio, nominalizaciones que tienen la función de subordinadas. La nominalización de estas oraciones subordinadas se logra mediante el uso del sufijo nominalizador *-q, -shqa* (o *-nqa*) y *-na*. El verbo de estas oraciones *subordinadas* del quechua no tiene una marcación tempo-aspectual, es decir, el verbo subordinado es no-finito (Cerrón 1987: 310), por ende, podemos considerar a esta cláusula *subordinada* como más integrada al sustantivo que modifica y, a su vez, a la oración principal.[12]

(24) kuchi-ta tari-shqa-y kurral-ta qacha-*shqa*-n.
cerdo-OBJ hallar-PERF-1 el corral-OBJ ensuciar-SUB-3POS
'Encontré el cerdo que había ensuciado el corral.'

(25) Miku-shqa-y t'anta-qa ch'aki-ña-m ka-sqa
comer-SUB-1POS pan-FOC seco-LIM-EV ser-PAS
'El pan que comí ya estaba seco.'

Las características de estas subordinadas (*nominalizadas*) en el quechua parecen sugerir que la relación entre la cláusula principal y la subordinada es más estrecha en el quechua que en el español (cf. Lehmann 1988: 193-200). Esta

11 Si bien este estudio no mira la forma modal del verbo subordinado, cabe mencionar que en la mayoría de las intancias, el verbo aparece en su forma indicativa (cf. Borgonovo 2003).

12 La elección del sufijo nominalizador está ligado al contexto temporal en el que ocurre el evento del verbo principal. Cerrón explica que *-shqa* aparece con eventos pasados, *-na* con eventos no realizados todavía y *-q* sigue el tiempo del verbo principal (1987: 310; Clodoaldo Soto, comunicación personal; véase también Weber 1996: 377-378).

fusión en el discurso quechua es una fuerza discursiva que puede estar contribuyendo a la gramaticalización del *que* en el español andino.

Con respecto al marcador discursivo de foco del quechua, Muysken explica que el marcador de foco *-qa* cumple tanto una función discursiva como evidencial (1995: 375). De allí que los sufijos evidenciales (*-mI, -sI, -chA*) no puedan aparecer combinados con el marcador de foco en la misma expresión (Muysken 1995: 377; Cerrón 1987: 288). Sin embargo, mientras cada enunciado puede contener sólo un marcador evidencial, puede incluir varios marcadores de foco aunque únicamente en la cláusula principal (Weber 1996: 514-515).[13] Si bien esta característica diera la impresión que la función del focalizador no es al nivel del enunciado, sino al nivel del argumento, Muysken aclara que cuando el focalizador aparece en el argumento que se encuentra en la posición inicial del enunciado, esta posición, considerada como la no marcada para foco, expresa una función evidencial que enmarca todo el enunciado (Muysken 1995: 385). Es decir, el significado de *-qa* en el primer argumento del enunciado es ambiguo desde el punto de vista discursivo. En todas las otras posiciones dentro del enunciado el marcador de foco *-qa* tiene función contrastiva (Muysken 1995: 380-381). Si a esto agregamos que *-qa* puede tener otras funciones, además de la de focalizador y evidencial, puede servir como conector y reforzador de condicional (comunicación personal con Rodolfo Cerrón Palomino) o para limitar el radio de la negación (Weber 1996: 519-520), no cabe duda entonces que la función discursiva de *-qa*, que se conoce como *foco* (o *tópico*) en la lingüística quechua, necesita ser estudiada más, con especial énfasis en un análisis más allá del puramente oracional.[14] La estrecha relación de *-qa* con marcadores evidenciales nos abre las puertas a un análisis modal que no ha sido explorado en su conjunto. Para los propósitos de nuestro estudio, encontramos que en el quechua hay fuerzas discursivas (estructurales y discursivas) que intervienen junto con las características sintácticas y discursivas del español en sentar las bases para promover la mayor gramaticalización de *que* en el español andino.

5. Discusión final

Nuestro análisis sugiere que en la variedad de contacto peruana, conocida como el español andino, la expresión *que* puede expresar una función discursiva que tiene como objetivo resaltar en el discurso la información que contiene la subor-

13 Weber aclara que hay ciertos patrones de uso (1996: 516-521).

14 Weber ofrece un análisis pragmático del *-qa* en el quechua de Huallaga que muestra su complejidad discursiva (1996: 521-543).

dinada que le sigue. La primera evidencia que en esta variedad de español el *que* se ha gramaticalizado más allá de sus funciones en variedades monolingües del español general está relacionada con la especialización de su uso con ciertas estructuras sintácticas y la reducción de su forma a la de un marcador subordinante. Es decir, el empleo generalizado de la expresión *que,* incluso en contextos cuando el referente en la adjetival tiene una función que no es la de sujeto (e.g. *en los que >, donde >*, *como >*, *cuando >*), es un primer indicio que ya no tiene las funciones de pronombre y de complementarizador; sino, más bien, que ha asumido una función sintáctica única de marcador subordinante. De manera adicional, encontramos que, en su empleo no canónico, el *que*-adjetivo aparece con estructuras sintácticas específicas, especialmente en función de objeto espacial y temporal.[15] En el caso del *que*-nominal, éste aparece con ciertas estructuras sintácticas, de preferencia con función de paciente, adjunto nominal y ecuacional. También aparece con ciertas formas verbales, específicamente con verbos cognitivos, emotivos, de percepción y de comunicación. Todas estas restricciones sintácticas y semánticas sugieren que la función de *que* en estos contextos se encuentra más gramaticalizada (cf. Lehmann 1988; Matthiessen y Thompson 1988).[16] Es decir, el empleo de este *que*-discursivo con ciertas subordinadas (adjetivas), que se relacionan a un referente que se expresa en argumentos con baja relevancia discursiva (cf. Givón), y con ciertos verbos principales (en las nominales), que expresan modalidad epistémica y evidencial (cf. Lehmann 1988: 201-204), sugiere que la expresión *que* se ha gramaticalizado más allá de su función sintáctica de marcador subordinante, a una función discursiva que consiste en marcar una subordinada con el propósito de resaltar su contenido en el flujo discursivo. Esta función innovadora de *que* sugiere, a su vez, una mayor fusión entre la subordinada y la cláusula principal (Lehmann 1988), consecuencia del mayor grado de gramaticalización (cf. Hopper y Traugott 1993: 186-172). Un estudio más detallado con otras variedades de contacto entre el español y el quechua podría aclarar más este uso del *que* que se propone como innovador en este trabajo.

15 Para el quechua, Weber menciona que las cláusulas adverbiales (semejante a las temporales y espaciales mencionadas aquí) tienen un rol importante en la cohesión del discurso quechua (1996: 413).

16 Debo agregar que las subordinadas aparecen de manera preferencial en posición consecutiva al sujeto y al verbo de la cláusula principal, es decir, en posición final del enunciado. Esta posición, que coincide con la posición focal de las oraciones simples del español (cf. Gutiérrez 2000), puede tener función discursiva (Lambrecht 2003: 176).

Bibliografía

ALVAR, Manuel (1996): *Manual de dialectología hispánica: El español de América*. Barcelona: Editorial Ariel.

BORGONOVO, Claudia (2003): «Mood and focus», en Josep Quer, Jan Schroten, Mauro Scorretti, Petra Sleeman y Els Verheugd (eds.): *Romance Languages and Linguistic Theory 2001*. Amsterdam / Philadelphia: John Benjamins, pp. 17-30.

CERRÓN PALOMINO, Rodolfo (1987): *Lingüística quechua*. Cuzco: Centro Bartolomé de las Casas.

GIVÓN, Talmy (1979): *On understanding grammar*. New York: Academic Press.

— (1984): *Syntax. A functional-typological introduction, Volúmenes I y II*. Amsterdam / Philadelphia: John Benjamins.

— (1991): «The Evolution of Dependent Clause Morpho-syntax in Biblical Hebrew», en Elizabeth C.Traugott y Bernd Heine (eds.): *Approaches to Grammaticalization, Vol. II*. Amsterdam / Philadelphia: John Benjamins, pp. 257-310.

GUTIÉRREZ ORDÓÑEZ, Salvador (2000): *Temas, remas, focos, tópicos y comentarios*. Madrid: Arco Libros.

HOPPER, Paul y Elizabeth C. TRAUGOTT (1993): *Grammaticalization*. Cambridge: Cambridge University Press.

KANY, Charles (1976): *Sintaxis hispanoamericana*. Madrid: Gredos.

KAYNE, Richard S. (1976): «French relative *que*», en Marta Luján y Hensey Fritz (eds.): *Current Studies in Romance Linguistics*. Washington: Georgetown University Press, pp. 255-299.

LAMBRECHT, Knud (2003): «Topic, Focus and secondary predication: The French presentational relative construction», en Josep Quer, Jan Schroten, Mauro Scorretti, Petra Sleeman y Els Verheugd (eds.): *Romance Languages and Linguistic Theory 2001*. Amsterdam / Philadelphia: John Benjamins, pp. 171-212.

LAPESA, Rafael (1986): *Historia de la lengua española*. Madrid: Gredos.

LEHMANN, Christian (1988): «Towards a typology of clause linkage», en John Haiman y Sandra Thompson (eds.): *Clause Combining in Grammar and Discourse*. Amsterdam: John Benjamins, pp. 181-225.

MATHIESSEN, Christian y Sandra THOMPSON (1988): «The structure of discourse and 'subordination'», en John Haiman y Sandra Thompson (eds.): *Clause Combining in Grammar and Discourse*. Amsterdam: John Benjamins, pp. 275-329.

MUYSKEN, Pieter (1995): «Focus in Quechua», en Katalin E. Kiss (ed.): *Discourse configurational languages*. New York / Oxford: Oxford University Press, pp. 373-393.

ROEHRS, Dorian y Marie LABELLE (2003): «The left periphery in child French: Evidence for a simply-slit CP», en Josep Quer, Jan Schroten, Mauro Scorretti, Petra Sleeman y Els Verheugd (eds.): *Romance Languages and Linguistic Theory 2001*. Amsterdam / Philadelphia: John Benjamins, pp. 279-294.

VAQUERO DE RAMÍREZ, María (1996): *El español de América II: Morfosintaxis y léxico*. Madrid: Arco Libros.

WEBER, David John (1996): *Una gramática del quechua de Huallaga*. Lima, Perú: Ministerio de Educación / Instituto Lingüístico de Verano.

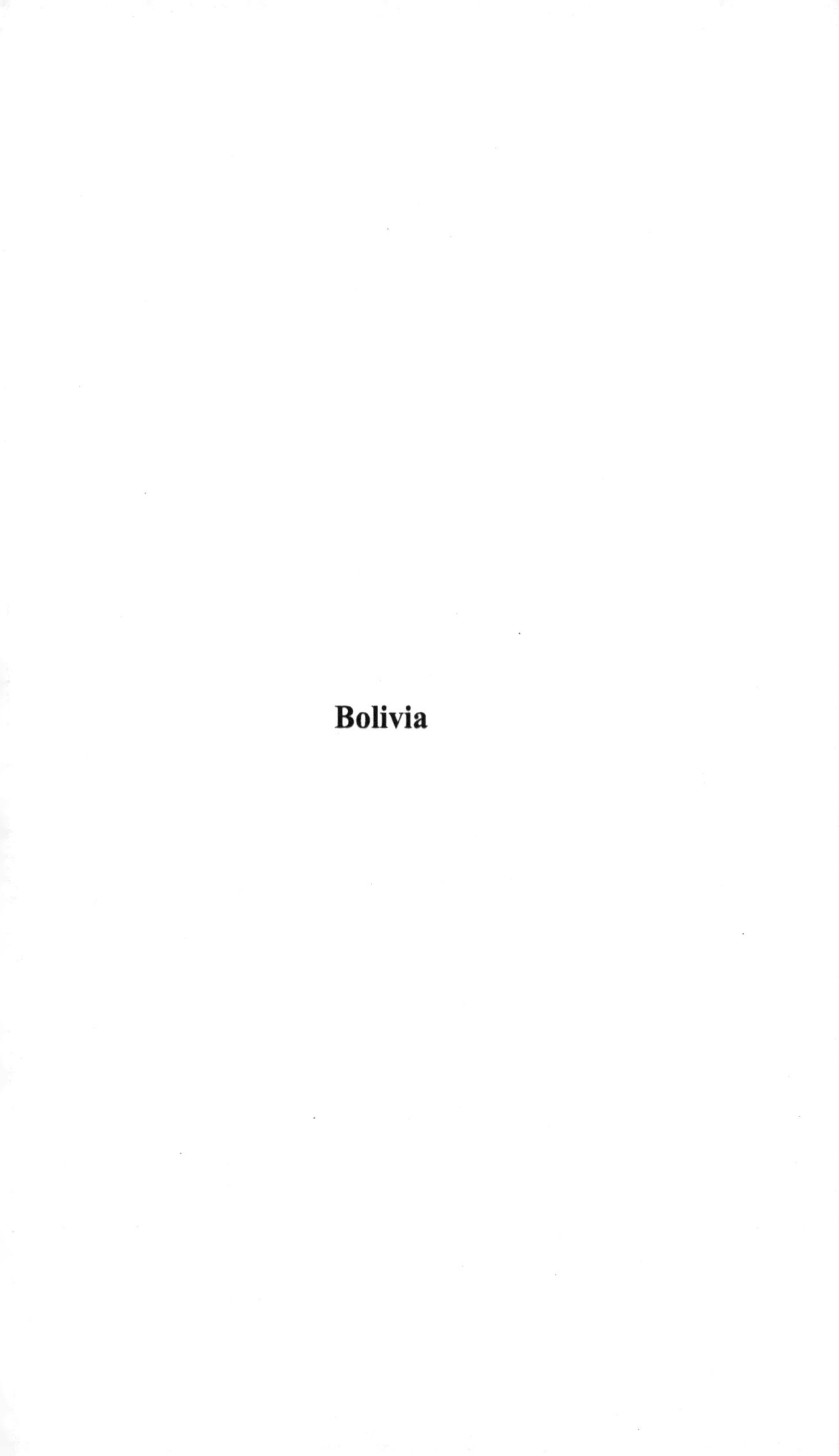

Bolivia

DE ESO NO SE HABLA PERO SE ESCUCHA. CONOCIENDO Y RECONOCIENDO EL BILINGÜISMO URBANO

INGE SICHRA
PROEIB Andes, Cochabamba

1. Introducción

Nuestro trabajo cuestiona el presupuesto de lingüistas y estudiosos de que el futuro de una lengua originaria requiera su modernización y la superación de la diglosia.[1] Nos referiremos específicamente a la ciudad de Cochabamba, la cual, además de reproducir la ya conocida característica de Bolivia en cuanto a su mayoría indígena, tiene el rasgo de ser tenaz y persistentemente bilingüe, a pesar del constante desplazamiento que sufren las lenguas indígenas por el castellano. El caso expuesto en las siguientes páginas permite entender que la permanencia de una lengua originaria no se asegura necesariamente con la modernización de la lengua en cuestión, ya que aún personas con una alta conciencia y lealtad lingüística priorizan referentes culturales tradicionales antes que de innovación, así como referentes ideológicos. No se percibe claramente la necesidad de superar las esferas sociales establecidas históricamente para las lenguas indígenas en el mundo citadino.

En la primera parte se presenta un brevísimo panorama sociolingüístico de Bolivia (lenguas andinas, en especial el quechua) y de la ciudad de Cochabamba con datos del último censo.

1 Debo este trabajo a Zenobio Siles, Julia Román, Vidal Arratia y Adán Pari: Gracias por dedicarme su tiempo, confiarme sus historias y abrirme ventanas a este fascinante mundo. Agradezco a Valentín Arispe, Fernando Garcés y Pamela Calla por los iluminadores comentarios y las correcciones hechas al documento. Anita Krainer y Luis Enrique López también se tomaron el trabajo de revisar el texto. Las opiniones vertidas en este artículo son de responsabilidad exclusiva de la autora y no comprometen ni a la GTZ ni a la Universidad Mayor de San Simón, instituciones contrapartes del PROEIB Andes.

La segunda parte describe el carácter bilingüe de la ciudad y analiza distintas estrategias de acomodación del quechua en un espacio urbano, tanto respecto a la funcionalidad de la lengua como también a la identidad que los hablantes le asignan y «se asignan» como individuos bilingües en un medio diglósico.

2. El contexto boliviano andino

2.1. El bilingüismo del país (lenguas andinas)

Similar a todos los países latinoamericanos, los procesos socioeconómicos también producen en Bolivia creciente migración interna y expulsión de la población rural hacia asentamientos urbanos. Siguiendo la tendencia mundial, más de la mitad de la población boliviana (62 %) se concentra desde hace media década en áreas urbanas. Como único país en Latinoamérica con mayoría indígena, Bolivia registra en el último censo de 2001 un porcentaje relativamente similar de hablantes monolingües en castellano (46.8 %) al porcentaje de hablantes bilingües lenguas indígenas y castellano (40.8 %). Algo más de un décimo de la población es monolingüe en lenguas originarias (cf. INE 2002b).[2]

Las lenguas originarias más representadas de las 32 que se cuentan en el país son quechua en la región de valles, aimara en la región altiplánica y guaraní en el chaco. Después de la reforma agraria en 1953, el bilingüismo en la zona andina ya no es atributo de las familias de hacendados que, siendo de origen mestizo, se asentaban en el campo, sino más bien evolución de corrientes migratorias hacia la ciudad y a zonas de colonización y migración temporal, de la expansión del sistema educativo y los medios de comunicación al área rural que afectan directamente a la población indígena. Con el cuidado que el caso merece, se puede decir que en Bolivia, el sector indígena de la población en la región andina está constituido por los monolingües en lenguas originarias y gran parte de los bilingües, asentado tanto en la zona rural como también en la periurbana y urbana.

2.2. El bilingüismo de Cochabamba

Razones históricas propias de la racionalidad española de establecerse en territorio boliviano con fines de explotación minera provocó que algunas regiones del

2 Dicho censo estableció algo más de 8 millones de habitantes en un territorio de aprox. 1 millón de Km^2.

país adquirieran relevancia como proveedores de granos. Una de esas regiones fueron los valles cochabambinos, con un patrón de asentamiento de españoles, mestizos e indios mucho menos rígido en cuanto a espacios reservados para cada estamento. Los pueblos y ciudades de Cochabamba se conformaron desde un principio como espacios bilingües por el hecho de albergar a las familias de los hacendados que utilizaban el quechua cotidianamente y lo transmitían a sus hijos (Sichra 2003: 79-80). Por otra parte, estaba permitido el asentamiento de mestizos en pueblos y ciudades de la región. Hoy en día, las áreas urbanas en el departamento de Cochabamba son tan bilingües como las áreas rurales. La población monolingüe en lengua indígena, por el contrario, discrimina muy fuertemente la ciudad del campo: 39 % de la población rural cochabambina es monolingüe quechua frente a 4 % de monolingüismo quechua en las ciudades (cf. INE 2002a).

El carácter bilingüe de la ciudad de Cochabamba,[3] capital del departamento del mismo nombre, se ha mantenido durante las tres últimas décadas, persistiendo a la tendencia al monolingüismo castellano y a la disminución del monolingüismo en lengua indígena en el país. La mitad de la población cochabambina declaró en el censo de 2001 ser bilingüe, mientras que la otra mitad se compone de monolingües castellanohablantes (46 %) y monolingües quechua o aimara (2.5 %). En la distribución por sexo, se observa una disparidad en este último grupo: hay un doble porcentaje de mujeres que hombres monolingües en lengua indígena en la ciudad (INE 2002a).

Esta notoria persistencia del bilingüismo en la ciudad no significa, sin embargo, que los niños tengan por igual exposición a la lengua indígena y al castellano como primeras lenguas. La primera lengua adquirida es para 76 % de la población el castellano, para 18 % el quechua (INE 2002a). Ya sea que el censo no contempló el bilingüismo de cuna entre sus categorías o que las respuestas son sesgadas por el obvio estatus del castellano, el hecho es que solamente un quinto de la población de la capital del departamento afirma tener como primera lengua el quechua. Las cifras del último censo no permiten afirmar que la transmisión de la lengua indígena en la ciudad esté asegurada. Hasta podríamos decir que, de acuerdo con las declaraciones hechas a los censadores, el bilingüismo no se produce necesariamente en las familias, en la primera socialización.[4] También queda cuestionada la hipótesis de que ser bilingüe en lengua indígena y castellano en Bolivia, actualmente, es indicador de discriminación,

3 El total de habitantes de Cercado, como se denomina al municipio de Cochabamba, según el último censo fue de 570,000.

4 Comentando con un médico este hallazgo, me confirma que él no aprendió quechua en su casa sino durante el año de provincia hace 25 años en Tarata, a 60 Km de Cochabamba y el desempeño de su profesión «le hicieron aprender».

es decir, sea un rasgo no valorado sino más bien asociado a carencia y baja posición social. En cualquier caso, declarar el dominio pasivo o activo del quechua y del aimara ya no es algo negativo, tabuizado o sancionado como lo podría haber sido unas décadas atrás.

Para terminar la mirada sobre la característica multilingüe de Cochabamba, me referiré a un fenómeno reciente de revalorización étnica en el país. 60 % de la población cochabambina se autoidentifica con la categoría 'pueblos indígenas' (no necesariamente como individuo indígena). Esta autoidentificación con pueblos indígenas abarca a los monolingües en lengua indígena, a los bilingües y también a un porcentaje de monolingües castellanohablantes, siendo evidente, entonces, que la identificación étnica no implica necesariamente el uso o dominio de la lengua indígena.

3. Precisando inquietudes ante el panorama boliviano

Por lo presentado hasta aquí, y como se nos aclarará en el acápite que sigue, no es difícil entender la admiración que esta ciudad causa a visitantes de otras regiones andinas por su notorio bilingüismo.[5] Podríamos decir que son condiciones bastante favorables para la persistencia del quechua. Dos aspectos, sin embargo, provocan curiosidad e inquietud en este panorama: por un lado, sabemos que el mantenimiento de una lengua solamente está garantizado a través del uso intergeneracional. ¿Cómo se reproduce, entonces, el quechua en la ciudad vistas las respuestas comentadas en el acápite 2? ¿Basta la funcionalidad que el quechua tiene en la ciudad para asegurar su reproducción?

La inquietud, por su parte, tiene que ver con la siguiente reflexión de Jon Landaburu (2003: 155) recogida justamente en Cochabamba el año pasado:

> Lo que hay que conquistar es, precisamente, el mundo de la ciudad, allí está el desafío, el desafío para lenguas como el quechua y el aimara que son lenguas habladas por muchas personas. Es importante que entren a la modernidad y, de alguna manera, se metan en la modernidad, desarrollen espacios de uso en la modernidad porque si sólo están limitadas a usos rurales, donde funciona todavía el mundo rural, van a seguir con dificultades, pero si no se potencia el uso a usos modernos (desde la lengua tradicional a usos modernos), pues quedarán restringidas allí, y de pronto desaparecen. También hay modalidades de convivencia, pero que son viables y posi-

5 El PROEIB Andes, Programa de Formación en Educación Intercultural Bilingüe para los países andinos se instaló en Cochabamba entre otras razones «por el laboratorio de lenguas» que la ciudad ofrece.

> bles: pero yo creo que una lengua como el aimara y el quechua tiene una potencialidad.

Desde esta perspectiva, no bastarían la cantidad de hablantes ni el ingreso de la lengua a la ciudad para garantizar su pervivencia, ya que se mantendría en condiciones de lengua oprimida por la diglosia, alejada de «la modernidad». ¿Cómo se relaciona esta postura con las respuestas de autoidentificación étnica? ¿Qué identidad le reservan los hablantes quechua a su lengua en el contexto urbano? ¿No nos encontramos aquí ante un asunto de lingüistas y académicos que reflexionan sobre lenguas con tradición oral, originarias, indígenas desde una óptica que valora la modernidad de las lenguas escritas, estandarizadas?

¿Por qué, si 48 % de la población citadina se identifica como quechuas (cf. INE 2002a), la lengua «mantiene» su condición oprimida y lejos de la modernidad? Es válido para nuestro contexto lo que Eriksen (1991: 42) sostiene?

> The psychological pain, inferiority complexes and difficulties in social mobility inflicted on individuals by linguistic hegemons can be alleviated only if the minority group asserts its own language as a full-fledged alternative to the hegemonic language.

Después de revisar nueve casos de política lingüística en minorías, Eriksen (1991) concluye que «modernization —including formal education, occupational diversification, social mobility and international communication— is a necessary prerequisite for linguistic minorities to survive in the long term». Existen en el contexto boliviano elementos para afirmar, por el contrario, que la pervivencia del quechua en áreas urbanas no está determinado por procesos de modernización sino por procesos sociales contrahegemónicos.

En la segunda parte de este trabajo, me dedico a escudriñar esta racionalidad de la pervivencia del quechua moviéndome en el filo de «certezas» de lingüista y acciones y expresiones de los propios hablantes. Presento, por una parte, un panorama de los ámbitos institucionales y públicos de uso de lenguas en la ciudad, resaltando el contraste entre la ausencia de políticas lingüísticas y las múltiples señales de vitalidad de la lengua indígena en la ciudad. Luego exploro las vivencias y percepciones de gente involucrada en la problemática para entender qué identidad le imprimen individuos con alta conciencia lingüística al quechua ante la evidencia de que esta lengua está en la ciudad pero no en «el mundo de la ciudad». Interesa, en última instancia, establecer si la dicotomía modernidad-no modernidad es percibida por los hablantes como un rasgo constitutivo y problemático de la realidad lingüística o si emergen otra(s) dicotomía(s) desde una visión del usuario que recrea mundos complementarios y también excluyentes en un espacio intercultural.

4. El quechua en la ciudad: autorregulación en ausencia de política lingüística

El fructífero terreno de contacto y convivencia de lenguas que acabamos de delinear no ha sido motivo de atención de las políticas educativas públicas. Si bien la Reforma Educativa decretada en 1994 impulsa la Educación Intercultural Bilingüe en las zonas de uso masivo de lenguas indígenas (área rural), las áreas urbanas en general y la de Cochabamba en específico no han sido incorporadas en la mencionada política educativa.[6]

De las 274 unidades educativas fiscales (públicas) con las que contaba la ciudad en el año 2001, 7 establecimientos administrados por Fe y Alegría bajo convenio especial ofrecían en algunos grados del nivel primario o del secundario la enseñanza del quechua (Sichra 2001). Curiosamente, los colegios particulares (privados) muestran mayor disposición a incorporar el quechua en su currículo: en 2001 pudimos registrar 10 de 89 establecimientos (Sichra 2001). Es necesario decir que estos datos no son oficiales, de hecho, el Servicio Departamental de Educación SEDUCA no cuenta con esta información. Si juzgamos por el lado de la demanda, esta desatención no se justifica, ya que hay suficientes evidencias de actitudes favorables en cuanto a la inclusión del quechua en la ense-

6 La Reforma Educativa Bolivia, decretada en julio de 1994, introduce gradualmente la Educación Intercultural Bilingüe EIB al sistema educativo nacional. La correspondiente Ley 1565 establece en el Art. 9 dos modalidades de lengua en Educación Formal y Educación Alternativa: «Monolingüe, en lengua castellana con aprendizaje de alguna lengua nacional originaria, y Bilingüe, en lengua nacional originaria como primera lengua; y en castellano como segunda lengua» (MECyD 1998: 16).
Para la segunda modalidad, el Reglamento sobre Organización Curricular, Art. 12 dice: «El currículo para los educandos monolingües de habla castellana, o para quienes tienen a este idioma como lengua de uso predominante, debería también incorporar el aprendizaje y utilización de un idioma nacional originario. La Secretaría Nacional de Educación queda encargada de estimular el interés por las lenguas originarias del país» (MECyD 1998: 46). El mismo Reglamento en el Art. 30 propone para el nivel primario: «Fomentar el bilingüismo individual y social, incentivando en los educandos cuya lengua materna es el castellano, el aprendizaje de una lengua nacional originaria como segundo idioma... asegurando que todos los educandos del país posean un manejo apropiado y eficiente del castellano como lengua de encuentro y diálogo intercultural e interétnico» (MECyD 1998: 52). Para el nivel secundario, el Art. 40 contempla los mismos objetivos, pero, además, «poniendo énfasis en la lectura comprensiva y crítica, la escritura creativa y personal y la comprensión del funcionamiento de este idioma (castellano, N.d.A.)» (MECyD 1998: 57).

ñanza urbana por parte de los padres de familia como de los alumnos, tanto de colegios fiscales (Arratia 2004) como de colegios particulares (Sichra, en elaboración), así como también de maestros (Bustamante 1999).

En la Universidad Mayor de San Simón se ofrecen cursos de quechua en ciertas carreras como medicina, ingeniería y agronomía, que exigen la aprobación de un examen de proficiencia. Desde 1998 funciona la maestría en Educación Intercultural Bilingüe para estudiantes indígenas de países andinos (PROEIB Andes) en dicha Universidad que incluye en un área curricular el uso y desarrollo de lenguas indígenas, incluyendo quechua.

A pesar de ser Cochabamba una ciudad bilingüe, en oficinas públicas, gubernamentales, jurídicas, bancarias, policía, etc., el uso del quechua no está reglamentado, sino que se rige por la capacidad de negociación o quizás de convencimiento o la terquedad del cliente o ciudadano. Hay medidas gubernamentales que tienen un efecto indirecto en la sorpresiva necesidad de utilizar lenguas indígenas en espacios públicos urbanos. Por ejemplo, durante el gobierno de Sánchez de Lozada se decretó en 1996 el pago de una pensión anual vitalicia a todos los bolivianos mayores de 65 años. Esta medida provocó la aglomeración de miles de ancianas y ancianos monolingües en lengua indígena en ciertos bancos y apuros entre los funcionarios bancarios para superar barreras lingüísticas inusuales en ese espacio. Otro ejemplo es la política de Participación Popular con la creación de municipios rurales en todo el país que disponen de recursos para atraer a todo un cúmulo de técnicos y profesionales de múltiples disciplinas (técnica, de servicios, educativa, de construcción, etc.) que necesitan dominar el quechua para el caso del departamento de Cochabamba (observación personal).

Las ofertas laborales por lo general exigen el dominio del quechua. Pero sin moverse de la ciudad, los médicos, arquitectos, abogados, policías, etc. se ven en la necesidad de por lo menos entender quechua si quieren comunicarse con pacientes, trabajadores, clientes, demandantes, etc. Construcciones, empresas familiares de confección de ropa y accesorios y fábricas son espacios laborales ocupados por las lenguas indígenas pero, en este caso, específicamente en la comunicación entre los mismos albañiles, obreros, etc. como identificación grupal (observación personal).[7]

En los medios de comunicación son restringidos los momentos y espacios de programas en quechua, se difunden programas en horarios de madrugada con-

---

7 En el estado de Virginia, donde se da la mayor concentración de bolivianos en EEUU, son conocidas las brigadas de albañiles hablantes de quechua que se distinguen de otras brigadas latinoamericanas por utilizar esta lengua en su trabajo.

servando la tradición de las radios de alcance rural y en onda media (alcance provincial). Hace unos años surgió una radio de interés para el sector de mercado de productos agrícolas con un noticiero en la mañana y programas a lo largo del día y la noche en quechua («Kancha parlaspa»). La Defensoría del Pueblo emite spots publicitarios contra la discriminación cultural, lingüística, de género, etc. en castellano. Algunas tarjetas telefónicas ofrecen la información al cliente en quechua y aimara, además de castellano e inglés. En el aeropuerto se utiliza quechua para los anuncios a los pasajeros cuando se despachan vuelos de conexión internacional.

El ámbito por excelencia de uso del quechua es la Cancha, el extenso mercado o feria de la ciudad que convoca los miércoles y sábados a cien mil familias comerciantes a instalar u ocupar sus puestos de venta para ser abordados por un número similar de compradores. También hay que mencionar la creación de ferias semanales en casi cada distrito municipal en los últimos años, hecho que ha llevado el quechua (por lo menos un día a la semana) a zonas predominantemente castellanohablantes (observación personal).

Más allá de estos pincelazos impresionísticos de la condición diglósica de las lenguas indígenas en la ciudad de Cochabamba y en cuanto a una delimitación territorial, Albó (1995 Vol. III: Mapa 14) elaboró con los datos del censo de 1992 una cartografía sobre la magnitud del bilingüismo en los barrios de la ciudad, demostrando que no son solamente los barrios periféricos o aquellos alrededor de la mencionada Cancha en los que se mantiene el quechua.[8]

Un fenómeno interesante de registrar es la presencia de las lenguas indígenas en el muy extendido servicio de transporte público en la ciudad y entre Cercado y las provincias aledañas. La movilidad diaria de pobladores de la provincia a la ciudad, de barrios periféricos al centro o la Cancha, de un punto cardinal de la ciudad a otro se ha visto facilitada por la «apertura» de líneas de transporte en una especie de mercado libre sin mayor restricción que la que se imponen los mismos sindicatos de transportistas. El transporte público es, por otro lado, cada vez más utilizado por sectores de la población castellanohablantes cuyos recursos se ven reducidos en la actual crisis económica del país y de la ciudad y que optan por no tomar taxis como lo hubiesen hecho en años anteriores (observación personal). De esta forma el quechua y el aimara tienen más espacios de difusión y contacto con el castellano.

8 En cuanto a la población aimara hablante, en la mencionada cartografía se registran asentamientos exclusivos de migrantes aimara. La migración aimara tuvo carácter colectivo en los momentos de cierre de las minas estatales y consecuente cierre de la Corporación Minera de Bolivia COMIBOL en la segunda mitad de la década de los '80.

En cuanto a la difusión escrita del quechua, de alcance público son solamente carteles con avisos comerciales o nombres en quechua y de eventos folclóricos. De absolutamente restringida circulación en la ciudad es cualquier material escrito en quechua: podemos mencionar solamente el periódico bilingüe *Conosur Ñawpaqman* publicado por CENDA para provincias del sur de Cochabamba y que se vende en algunos puestos claves. Publicaciones en quechua circulan en ámbitos intelectuales, en la Academia de la Lengua Quechua, en ONGs. En los últimos años se registran recurrentes y temporalmente limitados esfuerzos de publicar separatas con capítulos de diccionarios castellano/quechua en diarios locales (*Opinión*) o folletos semanales en diarios paceños (*Presencia, La Razón*) con noticias locales, nacionales e internacionales.

5. La identidad quechua en la ciudad: ¿el mundo de la ciudad o el mantenimiento del mundo de la comunidad?

El creciente carácter multicultural de las áreas urbanas como Cochabamba desafía a los sectores indígenas y no indígenas y a los estados a generar y aplicar políticas educativas y lingüísticas en un contexto de nuevas tensiones y dinámicas sociales. La incursión y permanencia de las lenguas y culturas indígenas en áreas urbanas tiene efectos en la población en general, estableciéndose nuevos comportamientos, actitudes, percepciones entre no indígenas.

Una respuesta de la población citadina a las migraciones internas es su paulatino y creciente proceso de interculturalización y/o bilingüización, hecho que se inscribe, a nuestro entender, en el reconocimiento de una dinámica social de índole conflictiva por parte de individuos pertenecientes a la minoría criolla que hegemonizaron el poder en el país.[9] «La otra Bolivia» con la que se ven confrontados sectores dominantes urbanos está generando amplias discusiones y reflexiones en espacios políticos sobre la conformación (refundación) nacional y la identidad ciudadana a partir de un concepto de integración de la población indígena respetando su diversidad étnica. Los últimos movimientos sociales de febrero y octubre de 2003 y sus efectos políticos cuestionan la configuración sociopolítica del país, provocando reacciones contrarias a la noción de interculturalidad en los sectores que ven cuestionada su posición hegemónica y excluyente. Se vierten abiertamente opiniones racistas, se critica la Educación Intercultural Bilingüe de la Reforma Educativa por su carácter «cuestionador»

9 Los últimos sucesos de protesta, levantamiento o convulsión social en el país (abril 2001, febrero y octubre 2003, entre los más destacados) tuvieron escenarios urbanos.

del orden establecido y el consiguiente peligro de «balcanización»,[10] se apela a la necesidad del mestizaje. Por otro lado, llegan con fuerza las corrientes sociales generadas en el mundo entero que apuestan a formas de gobierno democráticas («incluyentes»), al derecho a la participación social, a la comprensión de la diferencia como posibles respuestas al conflicto y como consecuencia de la corriente de achicamiento del Estado. Estas corrientes se expresan, entre otros, en mandatos de organismos financieros como el Banco Mundial, el Banco Interamericano de Desarrollo, agencias internacionales de cooperación que han determinado la atención a los sectores desfavorecidos como prioridad en la prevención de conflictos sociales.

La problematización de la identidad como sujetos de dos mundos está, entonces, a la orden del día en todos los niveles políticos del país, empezando por el gobierno central, el parlamento (con 25 % de representación indígena), pasando por los diversos sectores sociales hasta llegar a la cotidianeidad en una ciudad con las características lingüísticas delineadas más arriba.

Para avanzar de un conocimiento del aspecto funcional de la lengua quechua en la ciudad de Cochabamba hacia el reconocimiento del aspecto simbólico que sus hablantes le asignan en el mundo citadino y modernizante, indagué las percepciones de tres individuos que reúnen los siguientes criterios: nativos quechuas; migrantes a Cochabamba; con una declarada lealtad lingüística puesta en evidencia a lo largo de su desempeño laboral y formativo. Entre marzo y junio de 2003, tuve la oportunidad de conversar a profundidad con los señores Vidal Arratia y Adán Pari, ambos oriundos del departamento de Potosí y con Zenobio Siles del valle de Cochabamba, referentes en el medio profesional y social como impulsores de la lengua y cultura quechuas ya sea como comunicador social (el primero), funcionario del Ministerio de Educación (el segundo) o periodista popular (el tercero). Pese a tratarse de individuos con trayectorias únicas, las experiencias narradas no son eventos aislados, idiosincráticos sino que están relacionadas con estructuras sociales. De esta manera, y siguiendo a Richardson (1997) lo biográfico adquiere relevancia y fundamento político.

10 El expresidente G. Sánchez de Lozada lo expresó públicamente en octubre 2003 al inicio de la convulsión social que llevó a su dimisión. Irónicamente, él fue quien propició la Ley de Reforma Educativa en 1994 con sus ejes de participación popular e interculturalidad.

5.1. La persistencia de la dicotomía comunidad/ciudad

Adán expresa con mayor claridad que la comunidad de origen es su referente:

> El momento en que tenga la oportunidad de retornar a mi comunidad, me voy a mi comunidad, o sea, ese es mi sueño. Porque precisamente se vaya manteniendo la cultura y la lengua a través de mi familia, porque si yo ya no voy a volver a la comunidad, por esa responsabilidad que mi madre misma me está dando, voy a cortar esa raíz.

Este plan de vida establecido todavía como «mi sueño» no le genera una sensación de estabilidad a Adán mientras se desenvuelve en espacios lejanos a la comunidad. Se percibe una fuerte presión familiar internalizada como responsabilidad hacia la madre y la comunidad:

> Yo estoy en un dilema, es un problema para mí esta situación. Yo entiendo que desde acá, en la ciudad, yo puedo trabajar, apoyar la cuestión indígena, pero tengo esta responsabilidad familiar que no lo puedo dejar tan fácilmente. No me siento satisfecho y si las cosas estuvieran funcionando, estuviera tranquilo y estuviera marchando adelante, siempre me ha golpeado eso.

Moverse en ambos mundos, el comunitario y el citadino no deja indiferente a Adán, y, por lo menos en su testimonio, en última consecuencia no opta por el último ni tampoco por acercar uno al otro o hacerlos de alguna manera complementarios:

> Aquí en esta sociedad citadina no me es significante para decir 'yo me quedo aquí'. Yo estoy entrando más en la comunidad, tengo mucho que hacer y eso es lo más importante, no sé. No me ha convencido este mundo de acá, no me llama todavía la atención para decir 'me voy a quedar'. Esas son dos cosas que a mí me hacen reflexionar a diario lo de mi comunidad.

El futuro del quechua, el objetivo de su planificación lingüística, está reservado al ámbito comunitario para convertirlo en ámbito municipal, localista y con características indígenas, es decir, distintivas y con especificidades rurales.

> Yo vivo y sueño con eso de que en el municipio se promueva el uso de la lengua originaria, al interior del municipio. Si somos todos los concejales curacas que sabemos leer y escribir, los que no saben aprenderán y con ese impulso ya desde el municipio promover si es posible la alfabetización a nuestras familias, capacitación a los docentes, al interior del municipio hacer circular más documentos en lenguas originarias. (...) En el campo el quechua es donde está la raíz.

Podemos caracterizar la ambivalencia que se expresa en los fragmentos testimoniales como una posición dicotómica del hablante de reservarle su lugar geográfico (de origen) a la lengua indígena sin pretensión ni esperanza de «quechuizar» la ciudad o darle a la lengua nuevas funciones y tintes de modernidad, debido a la carga cultural que la lengua impondría y que está ligada a la comunidad.

5.2. La complementariedad de espacios sociales urbanos

Vidal, migrante como Adán, también mantiene una conciencia de origen comunitario quechua. Dentro de la familia de Vidal hay distintas posiciones frente al valor del quechua y de prácticas culturales quechuas, situaciones propicias para buscar definiciones personales de aceptación del quechua y de ser quechua en la ciudad:

> Tengo otro hermano mayor que decía, 'para qué quechua, si ya no existen quechuas, ustedes son los únicos, ya no!' Por ejemplo, yo me estaba coando,[11] nosotros nos coábamos porque mi mamá era una experta curandera y 'ya no, estas cosas hacen quedar mal, ya no voy a llegar a visitarte'. Entonces, a veces, tal vez es malo, tal vez bien, o sea, siempre había la duda, no como ahora, ahora que me digan lo que sea, pero antes todavía...

Pero, a diferencia de Adán, Vidal tiene como estrategia reproducir de alguna manera la vida rural junto a la ciudad para poder moverse con soltura en ambos mundos sin tener que optar por uno de ellos de modo excluyente. Para ello despliega hasta un movimiento barrial que le dé legitimidad y «base social»:

> Dicen que soy una representación para la gente del barrio porque hablo en quechua. Hay en la zona un tipo extranjero, arquitecto, abogado, no sé, dice que les riñe en inglés, pero el tipo se cuida de hablar conmigo. He sido enemigo de que hagan el puente al Abra, en cambio, el caballero había dicho que es un desarrollo, nuestros hijos van a mejorar y yo le digo 'no!' Yo me he venido a vivir al Abra porque era campo y quería vacas, claro, un poco más cerca de la ciudad pero, porque hay posibilidad todavía de vivir en comunidad, en ayllu, hay todavía posibilidades... Como que las personas, si no nos posicionamos en algunos lugares no da con estos jóvenes. Si no hablara quechua, sería un problema.

11 De *q'uwa*, planta utilizada para el incienso que se prepara en rituales de renovación

En otro contexto, Vidal se refiere al barrio como la «familia adoptiva» de su hija que junto a la familia nuclear garantiza la exposición al quechua en su primera infancia. Esta red de vecinos sustituye al *ayllu*[12] originario y permite, a la vez, recrear herramientas de la cultura quechua (como por ejemplo la lengua) que son útiles en una ciudad bilingüe como Cochabamba, con espacios sociales claramente delimitados y donde hay ventajas si se domina la lengua originaria —una vez obtenidos los reconocimientos necesarios como formación, posición laboral, etc. La posición social de Vidal como profesional le permite transgredir ciertas normas, salirse de esquemas, motivando a su entorno en la búsqueda de afirmación identitaria.

> Yo con los jóvenes hago un trabajo los fines de semana. He hecho mis tareas (de la maestría del PROEIB Andes, donde estudió entre 2000 y 2003, N. d. A.) con ellos, he practicado lo estudiado. Ellos se ocupan de tomar de esas cosas, ninguno ha estudiado, no son bachilleres... Saben que soy así y cuando van a mi casa ahora, desde hace dos años saben que conmigo se habla en quechua, o sea, también es estatus, es posición, es profesión, es posesión económica, es de todo eso.

Ha visto respuesta en los jóvenes y eso motiva a Vidal a reproducir de cierta manera el proceso de búsqueda de posicionamiento que se encamina por el establecimiento de capital cultural de diverso origen:

> Los jóvenes, cuando me cuentan, lo hacen en quechua, porque saben que hay que cuidarse de la gente y cuando a un principio era la decadencia de la lengua ahora somos referentes.

Consideramos que esta actitud frente a las funciones y ámbitos de la lengua quechua es de propiciar su ingreso y permanencia en la ciudad, de lograr que cobre y afirme su espacio por oposición al castellano, como conquistando un espacio propio en un mundo preestablecido, poniendo en alto las propias especificidades culturales y no por vía de la duplicación de funciones.

12 Es la organización tradicional indígena que comprende dos parcialidades mayores que engloban comunidades menores. En su forma original, el ayllu constituía la comunidad base que se caracterizaba por la propiedad comunal sobre el suelo cultivable y la utilización familiar de la tierra y los instrumentos de producción.

5.3. La persistencia de las contradicciones societales

Zenobio, por su parte, no se ha desplazado a la ciudad, ha sido su comunidad la que se ha transformado al haber sido integrada por la constante expansión de los márgenes de la ciudad hacia zonas agrícolas. Sin la ambivalencia como producto de las contradicciones entre identidad quechua y estilo de vida y referentes cotidianos de Adán y sin buscar la complementariedad de lenguas y culturas a partir de una visión compartimentalizada cercana a la noción de multiculturalidad de Vidal, Zenobio reivindica el carácter político de la identidad quechua derivado de los conflictos sociales entre sector dominante y sector dominado, que la reforma agraria en la región de los valles solamente acrecentó y que se vuelven más notorios en la ciudad. Su percepción está dirigida hacia la base productiva que en el valle recibió reconocimiento político con el término de campesino introducido como reemplazo de indio en la Revolución de 1952.

> Porque a los campesinos los ven como que por culpa de ellos está Bolivia retrasado, así hablan. Si somos el retraso del país, ¿quiénes son los que manejan el país? Son gente que tienen más tierras, más economía. Siempre han sido políticos y no siempre son campesinos. Por eso es que no les podemos echar la culpa a los campesinos. ¡Si ellos son los que producen comida para comer para toda la sociedad!

Zenobio se confronta día a día con los efectos de la sociedad estratificada y experimenta la discriminación que parte de la dicotomía rural/urbano cultivada en la ciudad a pesar de la fuerte base cultural agrícola de la ciudad. Como contó su esposa, los inquilinos del piso superior (en todo el edificio viven dos familias) habrían puesto un cartel que decía 'sea usted urbano o campestre, no deje basura' después de haber encontrado basura en las escaleras que atribuyeron a las hijas de la familia. «No habían otras personas sindicadas más que nosotros» dijo lacónicamente Zenobio. Su conciencia política lo hace susceptible a recordar anécdotas que afirman su afán de denunciar injusticias y provocar cambios en instituciones públicas, como lo demuestra el siguiente ejemplo:

> El mismo Florencio[13] ha tenido problemas con sus hijos, los ha traído al colegio, le han hecho un lío grande. No querían agarrarlos. 'Tú eres del campo, estás atrasado, tienes que repetir todos los cursos desde el primero'. Grave era, entonces, si los mismos maestros tienen esa mentalidad, ahí está el problema. Hemos insistido, y al final ha ido a hablar con el director de educación. Como le conocen a él, quién es, enci-

13 Florencio Alarcón, dirigente campesino regional, desde 2002 diputado suplente del Movimiento al Socialismo (MAS) y entre 2002 y 2005 electo Presidente del Consejo Educativo de la Nación Quechua.

> ma está de suplente de diputado, el director le ha pedido disculpas, creo que de rodillas, 'que no, que le pido disculpas, que se han equivocado'. Pero hay ese rechazo en muchas escuelas. Por el mismo hecho de que un niño viene del campo, no debe ser tratado así.

Para Zenobio, no es la lengua necesariamente la portadora de identidad étnica, sino una especie de afirmación cultural de la población citadina migrante originada en el «ser de comunidad»:

> En las ciudades yo creo que es difícil el quechua. Si es que todos hablan quechua, eso va a ser cada vez menos, pero de que ellos quieren todavía en su corazón que son quechuas por más que no hablan y que son de comunidades, eso queda, eso hace que sigan siendo quechua, eso no les borra.

A la ciudad de Cochabamba, a su vez, le augura una posibilidad de mantenerse bilingüe más allá de los procesos de pérdida de lengua gracias a una planificación lingüística aplicada en el ámbito educativo que contemple la lectoescritura del quechua. Es una alusión a la necesidad de modernización del quechua en cuanto a dejar de ser exclusivamente oral para que se eleve su prestigio y reconocimiento:

> Si revisamos Cochabamba, yo creo que la mitad de la gente habla bilingüe, o sea, habla los dos idiomas, pero de aquí a unos 50 años, digamos, puede que tal vez sean monolingües pero en castellano... Pero, si por el otro lado se está empezando a practicar a leer y escribir en quechua, si eso avanza, yo creo que hablar y escribir quechua puede empezar a fortalecerse y manejarse más. Porque como los hijos siempre están escuchando a sus papás por la calle hablar quechua, mucha gente habla en los micros, siempre están hablando, entonces, no les es ajeno el sonido, entonces, el que se trabaje con una propuesta así, poco a poco, vaya haciéndose que la escritura y el leer también avance.

En esta posición, el tratamiento y la difusión del quechua escrito en la educación formal serviría para fortalecer la identidad quechua. El segundo aspecto es que esta identidad se establece alrededor de la noción de clase subordinada y hasta con tintes de racismo por parte del sector mestizo y criollo. De allí se derivaría un contraprestigio sostenido por una ideología de resistencia que reafirme el derecho a la diferencia.

6. A manera de conclusión: «resistiendo» la ciudad como valor emblemático

El bilingüismo de la ciudad de Cochabamba es un hecho social. Si bien el quechua está en la ciudad, los referentes de la lengua no son del «mundo» de la ciudad. La persistencia de la dicotomía comunidad/ciudad, la complementariedad de espacios sociales urbanos y la expresión de las contradicciones societales son tres estrategias posibles en el proceso de construcción y reconstrucción de la identidad de la lengua en la ciudad. No parece ser relevante la modernización de la lengua para su permanencia y futuro sino su significado simbólico, en el marco de las dinámicas que en los últimos años caracterizan esas contradicciones societales.

El valor emblemático del quechua se ve fortalecido por la capacidad de resistir el mundo de la ciudad sin que sea evidente el esfuerzo por trascender ese valor para propiciar el ingreso a la modernidad. La superación de la condición diglósica de la lengua originaria no es sentida como una necesidad o tarea por hablantes con alta conciencia lingüística identificados con su origen quechua, generándose otro tipo de ideología lingüística que el construido desde la visión académica.

Es quizás en la oposición al castellano y no en la equivalencia de funcionalidad y valoración social que el quechua pueda desarrollarse en la ciudad y su mundo, y por otros rumbos que la modernización. En este caso, es evidente que la función «separadora» de lenguas estandarizadas (Garvin y Mathiot 1968) también cobra relevancia en lenguas no estandarizadas y de tradición oral (Sichra 2003), quizás nutrida por la función simbólica que en nuestros días despliegan las lenguas indígenas como marcador étnico (Barth 1969).

En cuanto a formas locales de conocimiento en las cuales vemos encuadrada la conciencia lingüística, coincidimos con Canagarajah (2002: 257) cuando afirma «The local will always have a questioning effect on established paradigms, deriving from the nonsystematized, unorthodox and simply messy features of its existential practice».

Este trabajo solamente marca el inicio de una tarea pendiente que deberá extenderse a explorar otras piezas del mosaico quechua en la ciudad. Queda pendiente descubrir las políticas y estrategias de transmisión de lengua quechua que nuestros sujetos de investigación aplican con sus hijos para llegar a conclusiones más cimentadas y de alcances más amplios. También falta descubrir las percepciones de los hablantes dispuestos a negar su origen para propiciar el cambio al castellano, de los hablantes que buscan lo que sus padres abandonaron para citadinizarse, de aquellos hablantes del quechua que no se identifican con la categoría 'pueblos indígenas'. Así podríamos avanzar en lo que Ricento (2000: 16-23) denomina una nueva etapa de la planificación lingüística en la época del reconocimiento de los derechos lingüísticos dentro de una concepción ecológica de las lenguas, en la cual

> the key variable which separates the older, positivist technicist approaches from the newer critical/postmodern ones is agency, i. e. the role(s) of individuals and collectivities in the processes of language use, attitudes, and ultimately policies (Ricento 2000: 23).

En el centro de atención de este paradigma sociolingüístico no está la lengua como tal sino el comportamiento lingüístico y la identidad de los hablantes. Nuestro interés es acercarnos a ese centro.

Bibliografía

ALBÓ, Xavier (1995): *Bolivia plurilingüe. Guía para planificadores.* Vol. III. La Paz: UNICEF / CIPCA

— (1999): *Iguales aunque diferentes: hacia unas políticas interculturales y lingüísticas para Bolivia.* Cuadernos de investigación 52. La Paz: CIPCA.

ARRATIA, Vidal (2004): *Primero interculturalidad, después EIB. Prácticas y concepciones de la EIB en escuelas públicas de la ciudad de Cochabamba.* Tesis de maestría PROEIB Andes sin publicar.

BARTH, Fredrik (1969): *Ethnic Groups and Boundaries: The Social Organization and Cultural Difference.* Boston: Little Brown & Co.

BUSTAMANTE, Martha (1999): *Disposición de los maestros a la enseñanza de quechua en la ciudad de Cochabamba.* Informe de investigación PROEIB Andes. Mimeo.

CANAGARAJAH, Suresh (2002): «Reconstructing Local Knowkedge» en *Journal of Language, Identity and Education*, 1 (4), pp. 243-259.

CSUTCB (1991): *Hacia una educación intercultural bilingüe.* Raymi 15. La Paz: Centro Cultural Jayma.

ERIKSEN, Thomas Hylland (1991): *Languages at the margins of modernity. Linguistic minorities and the nation-state.* Oslo: International Peace Research Institute (PRIO).

GARVIN, Paul y Madeleine MATHIOT (1968). «The Urbanization of the Guarani Language: A problem in Language and Culture», en Joshua Fishman (ed.): *Readings in the Sociology of Language.* La Haya: Mouton, pp. 365-374.

INSTITUTO NACIONAL DE ESTADÍSTICA INE (2002a): *Cochabamba: Resultados Departamentales Censo 2001.* Serie II Resultados Departamentales Vol. 3. La Paz: INE.

INSTITUTO NACIONAL DE ESTADÍSTICA INE (2002b): *Bolivia: Características de la Población Censo 2001.* Serie I Resultados Nacionales Vol. 4. La Paz: INE.

LANDABURU, Jon (2003): «Entrevista a Jon Landaburu» (realizada el 20.9.02), en *Qinasay Revista de Educación Intercultural Bilingüe*, 1 (Cochabamba), pp. 151-155.

MINISTERIO DE EDUCACIÓN, CULTURA Y DEPORTES (MECyD) (1998): *Compendio de legislación sobre la Reforma Educativa y leyes conexas*. La Paz.

RICENTO, Thomas (2000): «Historical and theoretical perspectives in language policy and planning», en Thomas Ricento (ed.): *Ideology, Politics and Language Policies*. Amsterdam: Benjamins, pp. 9-22.

RICHARDSON, Laurel Walum (1997): *Fields of play*. New Brunswick, NJ: Rutgers University Press.

SICHRA, Inge (2001): «¿Para qué tengo que aprender quechua? Acaso voy a ser dirigente campesino». Trabajo presentado al IV Congreso Latinoamericano de Educación Intercultural Bilingüe en Asunción, Paraguay, noviembre 2000. Mimeo.

— (2003): *La vitalidad del quechua.* La Paz: PROEIB Andes / Plural.

— (en elaboración): *El quechua en colegios privados en Cochabamba y su aporte a la interculturalidad*. Cochabamba: PROEIB Andes.

EL ESPAÑOL DE TARATA: NUEVAS FUNCIONES DE *SE*

ANTJE MUNTENDAM
University of Illinois, Urbana-Champaign

1. Introducción[1]

En el español andino, *se*[2] aparece en contextos en los que no debería aparecer según la norma del español general.[3] Los ejemplos siguientes del español de Tarata ilustran este uso no canónico del *se*:[4]

(1) Su primera esposa *se* está en Cochabamba (Inf. 6, MNP).
(2) Los dos *se* han entrado en una fábrica acá en Tarata (Inf. 12, HNP).
(3) Mucha gente del campo siempre *se* va trabajando con la coca (Inf. 3, HP).

En estudios anteriores se propone que en el español andino el *se* ha adquirido nuevos valores semánticos. Estos nuevos valores se deberían a una influencia del sufijo quechua *-ku*, que no sólo expresa una situación reflexiva, o sea una situación en la que el mismo sujeto es agente y paciente, sino que tiene valores adicionales (Mendoza y Minaya 1975; Miranda 1978; Soto 1978; Benavente 1988; Solís 1988; Zavala 1999). Si bien estudios anteriores sobre el español

1 Agradezco a Hella Olbertz, Anna María Escobar, María Isabel Martínez Mira, Antonio Reyes Rodríguez y a dos revisores anónimos sus comentarios en versiones previas de este estudio. Los errores restantes son todos responsabilidad mía.

2 En este estudio utilizo el término *se* para referirme a todo el paradigma: *me, te, se, nos, os, se*. Con este término neutral quiero evitar una posible confusión con las diferentes funciones de *se* y su paradigma.

3 Adopto el término *español general* de Granda (1995) y Olbertz (2002), que por este término entienden «cualquier variedad que no sea muy marcada social y/o geográficamente y que, por lo tanto, sea comprensible sin más para todo el mundo de habla hispana» (Olbertz 2002: 1).

4 En los ejemplos de mi corpus indico entre paréntesis el número del informante y el grupo al que pertenece el informante.

andino hacen mención al uso no canónico del *se,* no se ha hecho un estudio más profundo del fenómeno, ni se ha hecho un estudio cuantitativo con o sin variables sociales.

En el presente trabajo estudiaré el *se* no canónico en el español de hablantes bilingües del pueblo de Tarata (Dpto. de Cochabamba). El propósito es determinar cuáles son las funciones del *se* no canónico, cuáles son las alternancias sintácticas del *se*, y cómo varían, si es que varían, según las variables sociales de sexo y de nivel educacional. Me basaré en un corpus de dieciséis grabaciones con hablantes adultos bilingües simultáneos[5] en el quechua y español del pueblo de Tarata,[6] que se caracteriza por un alto grado de bilingüismo en el español y el quechua (CERES 1997). Los informantes fueron divididos en cuatro grupos distintos diferenciados por sexo y nivel educacional: mujeres profesionales (MP), mujeres no profesionales (MNP), hombres profesionales (HP) y hombres no profesionales (HNP).[7]

En un estudio que realicé con el mismo corpus sobre otro tema, la variación en el orden de las palabras (Muntendam 2002), encontré una diferencia significante entre mujeres y hombres: los órdenes que no se corresponden con el español general son más frecuentes en las mujeres que en los hombres. Por lo tanto mi hipótesis en el presente estudio es que el *se* no canónico también debe de ser más frecuente en las mujeres que en los hombres. Con respecto al nivel educacional, encontré que los no profesionales hacen más uso de órdenes que no se corresponden con el español general (Muntendam 2002). Con esta información puede formularse mi hipótesis en los siguientes términos: el uso del *se* no canónico es más frecuente en los no profesionales que en los profesionales.

5 Escobar (1994) hace una distinción entre el español andino, por un lado, y el español bilingüe por el otro. Las dos variedades del español son el resultado del contacto lingüístico entre el español y el quechua. Mientras el español andino es una variedad dialectal, por lo tanto nativa; el español bilingüe es hablado por nativo hablantes de quechua que tienen el español como segunda lengua, pero su variedad de contacto es una variedad social (Escobar 1994: 51). Este estudio trata del español andino; los informantes son bilingües simultáneos en el español y quechua, es decir que aprendieron las dos lenguas a la vez.

6 Eefje Wensveen y yo coleccionamos este corpus en el período de febrero a junio de 2001.

7 Definimos un informante profesional como aquel que ha hecho otros estudios después de la escuela secundaria. Un informante no profesional ha hecho por lo menos la primaria, pero no más que la secundaria. Las grabaciones duran unos cuarenta minutos cada una y consisten en conversaciones semidirigidas. Están hechas en casa del informante, en su trabajo, en la calle o en una chichería. En las grabaciones los informantes cuentan historias o dan explicaciones u opiniones personales con respecto a temas de la actualidad. Los temas tratados incluyen la situación política y económica de Bolivia, la erradicación de la coca, la educación bilingüe, las tradiciones, la chicha, las comidas y la familia.

Cuadro 1: Sexo

	Canónico		No canónico		Total	
	N	%	N	%	N	%
Mujer	266	49.1	124	51.9	390	49.9
Hombre	276	50.9	115	48.1	391	50.1
Total	542		239		781	

Como vemos en el cuadro 1, el uso no canónico de *se* es ligeramente más frecuente en las mujeres que en los hombres. La diferencia entre mujeres y hombres es muy pequeña, por lo cual no podemos decir que la variable sexo es relevante.

Cuadro 2: Nivel educacional

	Canónico		No canónico		Total	
	N	%	N	%	N	%
Profesional	302	55.7	101	42.3	403	51.6
No profesional	240	44.3	138	57.7	378	48.4
Total	542		239		781	

Con respecto al nivel educacional, vemos que el uso no canónico es más frecuente en los no profesionales que en los profesionales (57.7 % *vs.* 42.3 %). Estos resultados confirman mi hipótesis de que el uso no canónico del *se* es más frecuente en los no profesionales que en los profesionales. Sin embargo, hay un alto porcentaje de uso del *se* no canónico en los profesionales también (25.1 % del total de sus usos de *se* (101/403)). Los resultados del análisis de las variables sociales indican que el uso no canónico del *se* no es un fenómeno aislado, sino que éste se está extendiendo en el español de Tarata.

A continuación presentaré las funciones de *se* en el español general (cf. 2.1) y en el español andino (cf. 2.2). En la tercera sección analizaré las variables lingüísticas y en la cuarta discutiré los resultados encontrados. Finalmente, en la quinta sección expondré mis conclusiones.

2. Funciones de *se*

2.1. Se *en el español general*

En el español general, *se* tiene varias funciones. El *se* puede aparecer como objeto indirecto (el ejemplo (4)) o puede tener la función de reflexivo propio (el ejemplo (5)):

(4) *Se* la di.
(5) *Se* lavó (a sí mismo).

En estructuras reflexivas propias el *se* es correferencial con el sujeto y el objeto. Lo característico de estas estructuras es que se puede añadir la frase enfática *a sí mismo*.

El *se* también puede tener la función de pronombre recíproco. En estructuras recíprocas dos o más sujetos ejercen simultáneamente la misma acción uno sobre otro. El *se* hace referencia a las mismas entidades que el sujeto (véase el ejemplo (6)):

(6) *Se* besaron (el uno al otro).

Se también puede ser marcador impersonal, como en (7):

(7) *Se* habla español.

Finalmente, el *se* se usa también como marcador de una estructura pasiva. Aquí se trata de verbos transitivos que se pasivizan mediante *se*. Lo característico de estas estructuras es que el paciente está expresado sintácticamente como sujeto. El agente o bien no está expresado sintácticamente, o bien aparece en una frase preposicional. Hay concordancia entre el verbo, que está en tercera persona, y el elemento nominal, como demuestra el ejemplo (8):

(8) *Se* venden bicicletas.

La diferencia fundamental entre estructuras pasivas y estructuras impersonales es que en las últimas el verbo siempre está en la tercera persona del singular y la posición del sujeto está vacía (Pueyo 1995: 160-161). En estructuras impersonales el sujeto no está expresado ni es entendido (Ramsey 1956: 386), mientras que el paciente eventual está en la posición de objeto.

En síntesis, los *se* reflexivo y recíproco se caracterizan por correferencialidad, es decir que el *se* y el sujeto hacen referencia a la misma entidad. El *se* impersonal y el *se* pasivo se caracterizan por un sujeto no agente.[8]

2.2. Se *en el español andino*

En el español en contacto con el quechua el *se* aparece en contextos en los que no debería aparecer según el español general (Mendoza y Minaya 1975; Miranda 1978; Soto 1978; Escobar 1980, 2000; Benavente 1988; Solís 1988; Zavala 1999).

Primero, *se* en el español andino puede expresar una función afectiva o emotiva. Soto (1978, 1983) muestra que en el español en contacto con el quechua en el Perú se usa *se* con verbos como *vender* (transitivo) y *trabajar* (intransitivo).[9] Soto (1983) atribuye este uso no canónico del *se* al sufijo quechua *-ku*, que expresa un vínculo emocional con la situación verbal (Soto 1983: 190).

(9) a. Te has vendido mi talco, Pablo.
b. Ranti-*ku*-ru-nki talku-y-ta, Pablu.
vender-*se*-PAS-2SG talco-POS1SG-AC Pablo

(10) a. *Me* trabajaré en mi chacra si no hay empleo.
b. Llamka-*ku*-saq chakra-y-pi mana impliyu ka-pti-n-qa.
trabajar-*se*-FUT1SG chacra-POS1SG-LOC no empleo hay-NOM/SUBORD-POS3SG-TOP

Los ejemplos (9) y (10) de Soto (1983) son fieles reflejos del quechua, como demuestran las variantes (b) de estos ejemplos. Mendoza (1991) también apunta hacia la función afectiva del *se* en el español en contacto con el aimara en La Paz. Hace uso del término *pronombre participativo* para indicar que se enfatiza el agente de la situación verbal (Mendoza 1991: 115).

Segundo, Solís (1988) ha propuesto que se pueden atribuir las nuevas funciones del *se* en el español andino a la voz media en el quechua. Da los siguientes ejemplos del uso de *se* no canónico en el español andino:

8 Para una discusión más profunda del *se* y su evolución en el español general hago referencia a Gili Gaya (1994), Pueyo (1995), Contreras (1996), Turley (1999), Pountain (2000) y Montes Giraldo (2003).

9 He agregado las glosas que acompañan a los ejemplos. En este estudio hago uso de las abreviaturas siguientes: AC= acusativo; CAUS= causativo; EUF= eufónico; FUT= futuro; LOC= locativo; NOM/SUBORD= el sufijo convierte un verbo en un sustantivo, se trata de una oración subordinada; PAS= pasado; PL= plural; POS= posesivo; SG= singular; TOP= tópico; VAL= validador.

(11) a. Con los dos (quechua y castellano) lo que yo *me* bromeo, *me* hablo.
b. Ishka-n-kuna-wan pukla-*ku*-u, parla-*ku*-u.
dos-POS 3-PL-con bromear-*se*-1SG hablar-*se*-1SG

(12) a. Cuando ella también *se* hace casar sus hijos.
b. Pay-pis wawa-n-kuna-ta kasa-si-*ku*-pti-n.
ella-también hijo-POS3-PL-AC casar-CAUS-*se*-NOM/SUBORD-POS3SG

(13) a. Mi opinión *se* es esto.
b. Opinyun-ni-i kay-mi ka-*ku*-n.
opinión-EUF-POS1SG esto-VAL ser-*se*-3SG

(14) a. Mi idea *se* está bien.
b. Yuyay-ni-i alli-m ka-*ku*-n.
saber/idea-EUF-POS1SG bien-VAL estar-*se*-3SG

Solís muestra que en las traducciones quechuas de estas oraciones no canónicas se usa *-ku* y que por lo tanto el *se* del español andino es un fiel reflejo del sufijo quechua (Solís 1988: 196). Sostiene que los ejemplos (11a) y (11b) indican una habitualidad del sujeto. En el ejemplo (12a) el sufijo *-si* expresa el valor causativo de la oración quechua; ella (la madre) hace que los hijos se casen. El sufijo *-ku* indica el interés de la madre en la situación verbal y justamente está junto al sufijo causativo *-si*. La construcción *se es* en el ejemplo (13a) y la construcción *se está* en el ejemplo (14a) son reflejos exactos de la forma *ka-ku-n* del quechua.

Tercero, el *se* puede expresar una función benefactiva. En el ejemplo (15) de Zavala (1999) el pronombre *me* enfatiza que la situación verbal es en beneficio y en provecho del sujeto (Zavala 1999: 66):

(15) Ahí yo *me* estudiaba, después acá he venido en la ciudad.

En síntesis, estos estudios señalan que el *se* no canónico se produce tanto con verbos intransitivos como transitivos. Soto y Mendoza proponen que el *se* tiene una función afectiva o emotiva, Solís atribuye el *se* no canónico a la voz media y Zavala propone una función benefactiva. Estas tres propuestas tienen algo en común: apuntan hacia una correlación con el tipo de sujeto. A fin de estudiar las alternancias sintácticas del *se* no canónico, he analizado las variables lingüísticas que pueden tener relevancia mediante un análisis cuantitativo.

3. Las variables lingüísticas[10]

En la literatura ya se ha mencionado la variable transitividad del verbo (véase Soto 1983). En esta variable distingo entre verbos intransitivos (e. g. Me *vendré nomás aquí.* (Inf. 4, MP)), verbos transitivos / intransitivos (e. g. *Todo el día* me *pierdo de mi casa.* (Inf. 2, MP)) y verbos transitivos (e. g. *La papa* me *pelo.* (Inf. 14, MNP)). El cuadro 3 muestra los resultados para la transitividad del verbo (intransitivo; transitivo / intransitivo; transitivo)[11] de los ejemplos encontrados en mis datos.

Cuadro 3: Transitividad del verbo

	Canónico		No canónico		Total	
	N	%	N	%	N	%
Intransitivo	145	26.8	95	39.7	240	30.7
Trans. / intrans.	187	34.5	73	30.5	260	33.2
Transitivo	210	38.7	71	29.7	281	35.9
Total	542		239		781	

Si bien el *se* no canónico es ligeramente más frecuente con verbos intransitivos, ocurre indistintamente con verbos intransitivos y transitivos. Esto indica que el uso de *se* no canónico se extiende a verbos transitivos / intransitivos. Los usos canónicos claramente son más frecuentes con verbos transitivos.

En varios estudios se apunta hacia lo emocional o lo emotivo y el rol del sujeto (véase Soto 1983; Mendoza 1991). Por lo tanto es importante estudiar el tipo semántico del verbo.[12] El cuadro 4 indica los resultados para la variable lin-

10 Este estudio se basa en 781 casos del *se* (*me, te, se, nos*), de los cuales 542 son canónicos y 239 no canónicos. Para el análisis cuantitativo he hecho uso del programa estadístico Goldvarb 2001.

11 Para los casos dudosos he consultado Moliner (2001).

12 Con respecto al tipo semántico del verbo, distingo los siguientes tipos: verbos de movimiento (e.g. *Yo* me *he venido sin dinero* (Inf. 1, MP), *¿Por qué no* te *vienes aquí a Cochabamba?* (Inf. 5, HP)), verbos de actividad (e.g. *A veces desde temprano* se *sirven su comida* (Inf. 4, MP), *Yo* me *preparaba la comida ¿no? para ir a trabajar* (Inf. 11, HNP)), otros verbos (e.g. *¿De qué* se *serviría por ejemplo que venga un texto o cualquier producto con su instrucción en quechua?* (Inf. 8, HP), *No estamos podiendo ehm sobrellevar*nos (Inf. 12, HNP)), ser/estar/quedar (e.g. *Hay corruptos que se* se *están allí en en sus eh curules parlamentarios* (Inf. 5, HP), *Su primera esposa* se *está en Cochabamba* (Inf. 6, MNP)), verbos de comunicación (e. g. *Con toda clase de gente* me *converso* (Inf. 10, MNP), *¿Cómo* me *diría?* (Inf. 11, HNP)), verbos cognitivos (e. g. Me *he soñado ahí* (Inf. 6, HNP), *Uno no se escoge, sino directamente les*

güística tipo de verbo según sea *se* canónico o no canónico. La categoría de otro incluye verbos como *perder, enfermar, morir, prestar, sustentar, cumplir* y *dedicar*.

Cuadro 4: Tipo de verbo

	Canónico		No canónico		Total	
	N	%	N	%	N	%
De movimiento	110	20.3	124	51.9	234	29.9
De actividad	63	11.6	63	26.4	126	16.1
Ser / estar / quedar	63	11.6	4	1.7	67	8.5
De comunicación	62	11.4	10	4.2	72	9.2
Cognitivo	57	10.5	9	3.8	66	8.4
De emoción	27	5	3	1.3	30	3.8
Otro	160	29.5	26	10.9	186	23.8
Total	542		239		781	

Los resultados del *se* no canónico indican que este pronombre se da con más frecuencia con verbos de movimiento (51.9 %) y verbos de actividad (26.4 %). También se presenta con verbos de comunicación (4.2 %) y verbos cognitivos (3.8 %). Este orden va de un significado más concreto del verbo a uno más abstracto. Con verbos de movimiento y de actividad los canónicos y los no canónicos se asemejan en términos de casos. Con verbos de movimiento se dan aún más casos no canónicos que canónicos (124 *vs.* 110 casos). Para los verbos de actividad los resultados son iguales (63 *vs.* 63). Ahora bien, si el sujeto está involucrado como hemos propuesto, entonces la persona del sujeto puede ser importante. Se encontraron porcentajes similares de sujetos en la primera y la tercera persona para el *se* canónico (25.6 % y 71.8 %) y el *se* no canónico (23 % y 69.9 %). Por lo tanto, he hecho una tabla cruzada de la variable persona del sujeto (primera y tercera)[13] por la variable tipo semántico del verbo por la variable (no) canónico.

---

imponen tal (Inf. 7, HP)) y verbos de emoción (e. g. Me *admiro, me emociono al ver, mamita* (Inf. 6, MNP), Me *he admirado* (Inf. 6, MNP)).

13 Debido al carácter del corpus, la segunda persona no es frecuente (4 % de todos los casos de *se* (31/781)), por lo tanto me limito a un análisis de los casos en la primera y la tercera persona.

Cuadro 5: Persona (1ª, 3ª) x tipo semántico del verbo x (no) canónico

		Canónico		No canónico		Total	
		N	%	N	%	N	%
De movimiento	Primera	24	22	29	25.9	53	24
	Tercera	85	78	83	74.1	168	76
		109		112		221	
De actividad	Primera	18	30	10	16.4	28	23.1
	Tercera	42	70	51	83.6	93	76.9
		60		61		121	
Ser / estar / quedar	Primera	15	24.2	0	0	15	22.7
	Tercera	47	75.8	4	100	51	77.3
		62		4		66	
De comunicación	Primera	6	10.2	4	44.4	10	14.7
	Tercera	53	89.8	5	55.6	58	85.3
		59		9		68	
Cognitivo	Primera	33	60	6	66.7	39	60.9
	Tercera	22	40	3	33.3	25	39.1
		55		9		64	
De emoción	Primera	11	44	2	66.7	13	46.4
	Tercera	14	56	1	33.3	15	53.6
		25		3		28	
Otro	Primera	32	20.3	4	16.7	36	19.8
	Tercera	126	79.7	20	83.3	146	80.2
		158		24		182	
Total	Primera	139	26.3	55	24.8	194	25.9
	Tercera	389	73.3	167	75.2	556	74.1
		528		222		750	

Con verbos cognitivos y de emoción el *se* no canónico se presenta más frecuentemente en la primera persona (66.7 %; 66.7%). Para los verbos de comunicacón el porcentaje para la primera persona es de 44.4%.[14] Estos resultados apuntan a otra función del *se* con estos verbos.

14 También he mirado a las variables tiempo (pasado *vs.* no pasado), aspecto (perfectivo *vs.* imperfectivo), modo (indicativo *vs.* subjuntivo/condicional), presencia de sujeto de 3ª persona

4. Resultados

Esta sección relacionará las variables lingüísticas mencionadas arriba con las funciones del *se* no canónico. Un análisis cualitativo del *se* sugiere que éste puede tener una función habitual, benefactiva o afectiva. La función habitual se produce sobre todo con verbos intransitivos. El cuadro 6 abajo muestra que el 74.6 % de los casos de *se* no canónico con una función habitual ocurre con verbos intransitivos. Para verbos transitivos/intransitivos el porcentaje es de 19.4 %. La función habitual no es frecuente con verbos transitivos (5.9 %).

Cuadro 6: Función (habitual, benefactiva, afectiva) x transitividad del verbo

	Habitual		Benefactivo		Afectivo		Total	
	N	%	N	%	N	%	N	%
Intransitivo	50	74.6	42	26.5	3	21.4	95	39.7
Trans. / intrans.	13	19.4	52	32.9	8	57.1	73	30.5
Transitivo	4	5.9	64	40.5	3	21.4	71	29.7
Total	67		158		14		239	

En el español de Tarata se usa el *se* para describir costumbres de la gente. En el español general no se presenta el *se* en estos contextos. En el ejemplo (16) la informante habla de las costumbres de Tarata con respecto a los carnavales. El *se* es descriptivo de algo sobre el sujeto, por lo que indica una habitualidad del mismo:

(16) Investigadora: ¿Qué se hace en carnaval?
Informante: ¿Carnavales aquí? Ah bueno, la gente *se* juega con agua, después hacen, unos grupos de personas que empiezan a bailar por las calles, disfrazados, a veces de cholitas (Inf. 1, MP).

(presente, no presente, no aplicable) y tipo de 3ª persona (léxico, pronominal, no aplicable). Para las variables tiempo y aspecto hubo resultados. Tanto el *se* canónico como el *se* no canónico se produce más con el tiempo verbal no pasado (74.2 % *vs.* 66.5%) y un aspecto imperfectivo (77.3 % *vs.* 75.3%). Sin embargo, no está claro si estos resultados se deben al carácter del corpus, en el cual hay más ejemplos de no pasado y de imperfectivo que ejemplos de pasado y de perfectivo. Las variables modo, presencia de sujeto de 3ª persona y tipo de 3ª persona no son relevantes.

En el ejemplo (17), en el que la informante hace un contraste entre el pueblo de Tarata y la ciudad de Cochabamba, el *se* con el verbo intransitivo *caminar* expresa una propiedad característica o habitualidad. La informante quiere describir y caracterizar Cochabamba. *Te* hace referencia a la gente e indica una habitualidad de la gente en la ciudad.

(17) Es un pueblo bien tranquilo. Este no es, así... No hay mucha gente mala, eh digamos, que hace daño ¿no? Que quiere hacer daño a las personas. No. No es. No así. No hay mucha gente así. No. De noche también puedes caminar tranquila y nadie te puede hacer nada, aunque sola. En la ciudad *te* caminas ya a partir de las siete, ocho de la noche, ya te pueden saltar, cualquier cosa ¿no ve? Aquí no. Es tranquilo (Inf. 1, MP).

En el ejemplo (18) la informante cuenta lo que se hace en carnavales. El *nos* en *nos bailamos* también expresa una habitualidad o acción característica de la gente:

(18) Día sábado en la Loma en los carnavales ahí nos vamos a bailar. Luego domingo nos venimos a Mamanaca, *nos* bailamos también (Inf. 6, MP).

En el ejemplo siguiente, en el que el informante cuenta cómo ha sido su vida en los Estados Unidos, la forma *se iba* indica algo que el informante realizaba habitualmente:

(19) Porque allá se trabaja a lo que se pueda, a lo que sea. Nosotros, a lo menos cuando yo estaba, trabajaba de día, de noche más trabajaba. Entraba a las siete, ocho de la mañana hasta las cinco de la tarde. En la tarde, en la noche *me* iba a las ehm edificios. Al edificio a hacer limpieza ¿no? para ahorrar un poco más (Inf. 16, HNP).

En este ejemplo del español de Tarata, el *se* y el imperfecto aparecen juntos. Como el tiempo imperfecto se usa también para expresar habitualidad,[15] parece haber redundancia. Sin embargo, el *se* no sólo tiene una función habitual, sino que también disminuye la agentividad del sujeto. El contexto de (19) muestra que el informante tenía que trabajar por la noche; *se* indica un menor grado de control. Esta interpretación se ve más clara al comparar el ejemplo (19) con el (20) en el que se da el mismo verbo *ir* en el tiempo presente con una función habitual, pero sin *se*:

15 Escobar (2000) afirma que en el español andino el imperfecto tiene las mismas funciones que en el español general (Escobar 2000: 128).

(20) Es que unos unos unos cuantos de mis hijos en la mañana al colegio y los otros *van* en la tarde (Inf. 1, MP).

En el ejemplo (20) se aprecia la agentividad del sujeto más pronunciada que en el ejemplo (19).

En los ejemplos con *se* el sujeto no es puramente un agente; lo que se expresa es su rol de paciente y/o experienciador, es decir que hay una relación con el sujeto y su rol semántico en la oración. En estos casos con un *se* habitual el sujeto ha perdido el control completo sobre la situación verbal, es decir que es un agente débil.

La función benefactiva se produce sobre todo con verbos transitivos (40.5 % según el cuadro 6). El *se* benefactivo indica que la situación verbal ocurre en provecho o en detrimento del sujeto. Con esta función hay un sujeto que es un agente débil. El ejemplo (21), que ilustra la función benefactiva del *se*, trata de una costumbre; el informante explica que en la Semana Santa hay un día en el que la gente puede ir al campo y recoger los cultivos.

(21) Ese día puedes ir a a la a cualquier sembradío y saca*rte*. Lo que otro día sería robar. Pero ese día no se llama probar, sino tienes la libertad de ir y saca*rte*. [...] iremos a a comida (...) a saca*rnos* ¿no? sin autorización. Pero el dueño, si te ve, no tiene que decirte nada. Tiene que entender que es como decir un día libre así. Obviamente ahí influye mucho la delicadeza ¿no? Porque tú vas, *te* sacas un una pequeña cantidad. Ahora si ya es con mala intención, *te* sacas un montón (Inf. 11, HNP).

El *se* con función benefactiva es frecuente con el verbo *comprar*. En el ejemplo (22), en el que la informante habla de su casa, la situación verbal claramente es en beneficio del sujeto. Como la informante ha comprado la parte de sus hermanos, ahora es dueña de la casa:

(22) Ahora nosotros también estamos muy viejos (risa). De mi mamá. Ah. Como todos *se* han comprado otras casas. Y yo *me* lo he comprado también parte de mis hermanos ¿no? [...] Entonces me siento dueña ya (risa). No heredera (risa) (Inf. 13, MNP).

La mayoría de los casos con función benefactiva ciertamente se da con verbos transitivos (40.5 %) y con verbos transitivos / intransitivos (32.9 %) (véase el cuadro 6). Sin embargo, los datos indican que esta función se extiende a verbos intransitivos. El cuadro 6 muestra que esta función presenta un porcentaje de 26.5 % con verbos intransitivos. El *se* en el ejemplo (23) indica que la situación verbal va en detrimento del sujeto. El verbo *perder* aquí es intransitivo:

(23) O sea porque van justamente, yo... digamos, a producir papa, y en esa época se baja el precio de papa. Entonces el campesino eternamente *se* pierde (Inf. 15, HNP).

El hecho de que el precio de la papa baje es negativo para el campesino. El *se* subraya el sentido negativo de la situación verbal y ocurre un sujeto no agente. Se puede parafrasear la oración como sigue: *El campesino siempre es perjudicado.*

Igual que en el ejemplo (23), el *se* en el ejemplo (24) se produce con un verbo intransitivo y una función benefactiva:

(24) Ustedes habrán visto en nuestro país estamos muy atrasados. No tenemos mucha tecnología más que todo. Para los chicos es también, *nos* seguimos con la con la tiza, almohadilla y pizarrón ¿no es cierto? (Inf. 4, MP).

Aquí la informante quiere indicar que Bolivia es un país atrasado y que en las escuelas no hay material moderno. El *se* subraya que la situación verbal va en detrimento del sujeto. Se trata de algo que le ocurre al sujeto, es decir que hay un sujeto que se caracteriza por una agentividad débil.

La interpretación de *se* con una función benefactiva es diferente de la de *se* con una función habitual. Sin embargo, la semejanza con la función habitual radica en que el sujeto es o se convierte en un sujeto que es un agente débil y al cual algo le beneficia o le perjudica.

Para la función afectiva la variable transitividad no es relevante. Esta función se produce tanto con verbos intransitivos (21.4 %) y verbos transitivos / intransitivos (57.1 %) como con verbos transitivos (21.4 %) (véase el cuadro 6). Para esta función las variables de tipo semántico del verbo y de persona del sujeto son más relevantes. El cuadro 7 muestra la relación entre la función de *se* y el tipo semántico del verbo.

Cuadro 7: Función (habitual, benefactiva, afectiva) x tipo semántico del verbo

	Habitual		Benefactivo		Afectivo		Total	
	N	%	N	%	N	%	N	%
De movimiento	53	79.1	69	43.7	2	14.3	124	51.9
De actividad	4	6	58	36.7	1	7.14	63	26.4
Ser / estar / quedar	3	4.5	1	0.6	0	0	4	1.7
De comunicación	2	3	3	1.9	5	35.7	9	3.8
Cognitivo	0	0	5	3.2	4	28.6	10	4.2
De emoción	1	1.5	0	0	2	14.3	3	1.3
Otro	4	6	22	13.9	0	0	26	10.9
Total	67		158		14		239	

Como vemos en el cuadro 7, la función afectiva se presenta sobre todo con verbos de comunicación (35.7 %), verbos cognitivos (28.6 %), verbos de emoción (14.3 %) y verbos de movimiento (14.3 %). Las funciones habitual y benefactiva, en cambio, no ocurren frecuentemente con verbos de comunicación (3 % *vs.* 1.9 %), verbos cognitivos (0 % *vs.* 4 %) y verbos de emoción (1.5 % *vs.* 2 %).

El cuadro 8 muestra la relación entre la función del *se* no canónico y la persona del sujeto.

Cuadro 8: Función (habitual, benefactiva, afectiva) x persona del sujeto

	Habitual		Benefactivo		Afectivo		Total	
	N	%	N	%	N	%	N	%
Primera	7	11.6	36	24.1	12	92.3	55	24.7
Tercera	53	88.3	113	75.8	1	7.6	167	75.2
Total	60		149		13		222	

Como vemos en el cuadro 8, la función afectiva se produce sobre todo con la primera persona (92.3 %). En cambio, las funciones habitual y benefactiva ocurren más con la tercera persona (88.3 % *vs.* 75.8 %).

Un análisis cualitativo ilustra la relación entre la función afectiva, el tipo semántico del verbo y la persona del sujeto. En el ejemplo (25), en el que la informante habla de su boda, los verbos *soñar* y *pensar*, que son verbos cognitivos, aparecen con *se* con una función afectiva:

(25) Anoche mismo *me* estuve soñando mi vestido blanco. Sí, *me* he soñado ahí. Cómo habrá sido ¿no? Esta mañana yo estuve solita pensándo*me*. Ay, no me acuerdo tanto. Ya pues ¿cuántos años ya pasa? Cuarenta y cinco años yo tengo, y a los 17 años, a los 17 años tuve ps a mi hijita mayor también. Sí. Como un sueño parece que ha sido. Parece que ha sido un chiste, un juego (risa). Así yo lo he visto como un chiste, y ahora qué pensándo*me* ¿no? (risa) (Inf. 6, MNP).

El pronombre *me* indica que el sujeto está involucrado personal y emocionalmente en la situación verbal. Indica afectividad y nostalgia, y por lo tanto expresa la perspectiva de la informante. El ejemplo (26) igualmente expresa afectividad:

(26) Ay yo veo en el camino «aah ya mira, otra vez flores» digo. *Me* admiro, me emociono al ver, mamita (Inf. 6, MNP).

En estos ejemplos se trata de un sujeto no agente.

En el ejemplo (27) la informante habla afectivamente de la gente del campo y explica que le gusta hablar con esa gente. Aquí *se* se presenta otra vez en la primera persona, pero en esta ocasión con un verbo de comunicación.

(27) Investigadora: [...] el contacto con con la gente.
Informante: Sí, me gusta con... Sí, por eso yo con to... con toda clase de gente *me* converso, me... Esos gentes de arriba ¿no ve? vienen con sus abarquitas, con sus aguayitos, ¿han visto no? Uy, ellos me conocen pues. 'Doña María', vienen y directo me hablan. Abuelitos vienen. Esta, has visto, ¿no? (...) Vienen, *me* converso con ellos a veces. Otros, 'ay doña María'... (Inf. 10, MNP).

En resumen, podemos decir que con la función afectiva la transitividad del verbo no es importante. Esta función ocurre frecuentemente con la primera persona y sobre todo con verbos cognitivos, emotivos y de comunicación. Aquí nos encontramos ante un caso de subjetivización en el sentido de Traugott (1995, 1999): «a pragmatic-semantic process whereby meanings become increasingly based in the speaker's subjective belief state/attitude toward the proposition, in other words, towards what the speaker is talking about» (Traugott 1995: 31). Se trata de un desarrollo unidireccional de menos a más subjetivo y de un significado proposicional a un significado discursivo. El *se* no canónico aquí ya no tiene una función puramente sintáctica (como con el *se* benefactivo y el *se* habitual, hay un sujeto que es un agente débil), sino que ha adquirido una función innovadora pragmático-discursiva. En estos casos el *se* expresa la actitud del hablante frente a la proposición.

5. Conclusiones

He estudiado las funciones (mediante el análisis cualitativo) y las alternancias sintácticas (mediante el análisis cuantitativo) del *se* en el español de hablantes bilingües en el quechua y el español en Tarata (Bolivia). El análisis cuantitativo de las variables sociales sexo y nivel educacional indica que el uso no canónico de *se* es un fenómeno extendido en esta comunidad lingüística. Este *se* no canónico ha adquirido una función sintáctica nueva con funciones semánticas nuevas.

El *se* no canónico puede tener una función habitual, benefactiva o afectiva, según verbo y persona de sujeto. La función habitual se presenta sobre todo con verbos intransitivos, mientras que la función benefactiva ocurre frecuentemente con verbos transitivos. Estas dos funciones aparecen sobre todo con la tercera persona. La función afectiva, en cambio, ocurre sobre todo con la primera persona. Además, es más frecuente con verbos cognitivos, emotivos y de comunicación. Las funciones habitual y benefactiva son funciones semánticas. La función afectiva, en cambio, es una función pragmático-discursiva. Se trata de un caso de subjetivización: en el español de Tarata el *se* ha adquirido una función pragmática, es decir que expresa la actitud del sujeto frente a la proposición.

Estas tres funciones presentadas tienen algo en común: las interpretaciones del *se* habitual, *se* benefactivo y *se* afectivo están conectadas con una agentividad débil del sujeto. Los ejemplos (28) y (29), en los que el informante habla del trabajo en los Estados Unidos, muestran un contraste. El ejemplo (28) sin *se* claramente indica la agentividad del sujeto, mientras que (29) con *se* no canónico muestra un menor grado de agentividad del sujeto. Estos ejemplos muestran que *se* disminuye la agentividad del sujeto.

(28) Se prestan a tres mil dólares para llegar allá, pero están llegando como sea, pero llegan, ¿ya? Entonces, pero hay veces los diez mil dólares en un año o quizás más, depende de lo que uno *trabaja*. Hay veces, para la deuda *trabaja* un año recién para pagar ¿no? (Inf. 16, HNP).

(29) Ahí cada uno *se tiene que trabajar* así como albañil haciendo pared (Inf. 16, HNP).

Esta función del *se* no canónico en el español de Tarata es una función diferente a la del *se* en el español general. Además del *se* reflexivo, el *se* recíproco, el *se* pasivo y el *se* impersonal presento un *se* que es una extensión de una función del sujeto.

Me adhiero a la propuesta de Solís (1988) de que hay una relación entre este *se* no canónico en el español y el sufijo quechua *-ku* (cf. sección 2.2 de este estudio). Van de Kerke (1991) muestra que en el quechua boliviano se usa el sufijo *-ku* no sólo en construcciones reflexivas (el ejemplo (30)), sino también en por ejemplo construcciones inacusativas (el ejemplo (31)), en construcciones medias (el ejemplo (32)) y en construcciones anti-causativas (el ejemplo (33)):

(30) Xwan maylla-ku-n.
Juan lavar-*se*-3SG
«Juan se lava.»

(31) Mariya urma-ku-rqa.
María caer-*se*-PAS
«María cayó.»

(32) Trigu-manta t'anta-qa ruwa-ku-n.
trigo-de pan-TOP hacer-*se*-3SG
«El pan está hecho de trigo.»

(33) Sillu-y-mi p'aki-ku-n.
dedo-POS1SG-VAL romper-*se*-3SG
«Me rompió el dedo.»

Van de Kerke afirma que se usa *-ku* con verbos que tienen sólo un argumento interno (Van de Kerke 1991: 80). Las construcciones reflexivas, medias y anti-causativas tienen algo común: en estos tres tipos de construcciones «the external argument of the base verb is suppressed» (Van de Kerke 1991: 91). Estas funciones de *-ku* en quechua son semejantes a las funciones de *se* en el español general. Se usa *-ku* también con verbos emotivos, como en el ejemplo (34):

(34) Pedru kusi-ku-n
Pedro feliz-*se*-3SG
«Pedro es feliz.»

Entonces, *-ku* está relacionado con el rol del sujeto, por lo cual podemos decir que el *se* no canónico en el español de Tarata tiene una función similar al sufijo *-ku* en quechua.

Referencias

BENAVENTE, Sonia (1988): «Algunos rasgos sintácticos del castellano en alumnos universitarios puneños», en López, Luis Enrique (ed.): *Pesquisas en lingüística andina.* Lima: CONCYTEC / GTZ / Universidad Nacional del Altiplano, pp. 237-252.

CENTRO DE ESTUDIOS DE LA REALIDAD ECONÓMICA Y SOCIAL - CERES-TARATA (1997): *Diagnóstico municipal de Tarata.* Cochabamba.

CONTRERAS, Lydia (1996): «Significado y funciones del <se>» en *ALFAL (I) Actas,* pp. 160-171.

ESCOBAR, Anna María (1980): *Native Bilinguals and Andean Spanish in Peru.* Tesis de maestría. Buffalo: State University of New York.

— (1994): «Andean Spanish and Bilingual Spanish: Linguistic characteristics», en Cole, Peter (ed.): *Language in the Andes.* Newark, Delaware: LAS University of Delaware, pp. 51-73.

— (2000): *Contacto social y lingüístico: El español en contacto con el quechua en el Perú.* Fondo editorial de la Pontificia Universidad Católica del Perú.

GILI GAYA, Samuel (1994): *Curso superior de sintaxis española*, edición 15, Barcelona: Indugraf.

GRANDA, Germán de (1995): «Un quechuismo morfosintáctico en los áreas extremas del español andino. Las perífrasis verbales de gerundio con valor perfectivo en el noroeste argentino y el sur de Colombia», en *Anuario de Lingüística Hispánica*, 11, pp. 151-159.

KERKE, Simon van de (1991): «Co-indexation in predicate argument structure: the characteristics of Quechua *ku*», en *Revue quebecoise de linguistique*, 20, 1, pp. 79-98.

MENDOZA, Aída y Liliana MINAYA (1975): «Variantes regionales: su consideración en la enseñanza del castellano», en *Aportes para la enseñanza del lenguaje.* Lima: Instituto Nacional de Investigación y Desarrollo de la Educación, pp. 63-81.

MENDOZA, José G. (1991): *El castellano hablado en la Paz. Sintaxis divergente.* La Paz: Universidad Mayor de San Andrés.

MIRANDA, Luis (1978): «Peculiaridades sintácticas en el español de los niños de zonas de influencia quechua», en *Lingüística y Educación - Actas del IV Congreso de la ALFAL* (1975), pp. 478-483. Lima: Universidad Nacional Mayor de San Marcos.

MOLINER, María (2001): *Diccionario de uso del español*, Segunda edición, Madrid: Editorial Gredos.

MONTES GIRALDO, José J. (2003): «'Se' in Spanish and its problems» en *Estudios filológicos*, 38, pp. 121-137.

MUNTENDAM, Antje (2002): *El español de Tarata, Bolivia: la variación en el orden de las palabras.* Tesis de maestría, Universidad de Leiden.

OLBERTZ, Hella (2002): «*Dar* + gerundio en el español andino ecuatoriano: sintaxis, semántica, origen», en *Círculo de lingüística aplicada a la comunicación*, 12 (www.ucm.es/info/circulo/no12/olbertz.htm).

POUNTAIN, Christopher J. (2000): «Pragmatic factors in the evolution of the romance reflexive (with special reference to Spanish)» en *Hispanic Research Journal*, 1, 1, pp. 5-25.

PUEYO, Francisco J. (1995): «La partícula SE en español: un proceso de gramaticalización», en *RLA. Revista de Lingüística Teórica y Aplicada.* Chile: Universidad de Concepción, vol. 33, pp. 153-194.

RAMSEY, Marathon Montrose y Robert K. SPAULDING (1956): *A textbook of Modern Spanish. As now written and spoken in Castile and the Spanish American Republics.* New York: Holt, Rinehart and Winston.

SOLÍS, Gustavo (1988): «La categoría de voz media en quechua y su reflejo en el español andino», en López, Luis Enrique (ed.): *Pesquisas en lingüística andina.* Lima: CONCYTEC / GTZ / Universidad Nacional del Altiplano, pp. 191-200.

SOTO, Clodoaldo (1978): «La interferencia quechua-español: una doble perspectiva», en *Lingüística y educación - Actas del IV Congreso de la ALFAL (1975),* pp. 619-26. Lima: Universidad Nacional Mayor de San Marcos.

— (1983): *Bilingüismo y enseñanza del castellano.* Huanta: Colegio Nacional González Vigil.

TRAUGOTT, Elizabeth C. (1999): «From subjectification to intersubjectification». Trabajo presentado en el *«Workshop on Historical Pragmatics: Fourteenth International Conference on historical linguistics»,* Vancouver, Canadá.

— (1995): «Subjectification in grammaticalisation», en Stein, Dieter y S. Wright (eds.): *Subjectivity and subjectification in language.* Cambridge, UK: Cambridge University Press, pp. 31-54.

TURLEY, Jeffrey S. (1999): «The creation of a grammaticalization chain: the story of Spanish decausative, passive, and indeterminate reflexive constructions» en *Southwest journal of linguistics*, 18, 2, pp. 101-138.

ZAVALA, Virginia (1999): «Reconsideraciones en torno al español andino», en *Lexis*, 23/1, pp. 25-85.

ÍNDICE DE AUTORES

ÍNDICE DE MATERIAS

SOBRE LOS AUTORES Y EDITORES

Rodolfo Cerrón-Palomino, Departamento de Humanidades, Pontificia Universidad Católica del Perú, Apartado Postal nº. 1761, Lima 100, Perú
rcerron@pucp.edu.pe

Cecile van der Ent, Dirk Hoogenraadstraat 145, 2586 TG Den Haag, Países Bajos
pro.end@wanadoo.nl

Anna María Escobar, University of Illinois, Urbana-Champaign, Dept. of Spanish, Italian and Portuguese, 4080 Foreign Language Building MC-176, 707 S. Mathews, Urbana, IL 61801, Estados Unidos
aescobar@uiuc.edu

Jorge Gómez Rendón, Theoretische Taalwetenschap, Universiteit van Amsterdam, Herengracht 338, 1016 CG Amsterdam, Países Bajos
J.A.GomezRendon@uva.nl

Eva Gugenberger, Neukirchstraße 33, 28215 Bremen, Alemania
gugenberger@uni-bremen.de

Marleen Haboud, Escuela de Lingüística, Facultad de Comunicación, Lingüística y Literatura, Pontificia Universidad Católica del Ecuador, 12 de Octubre y Carrión, Quito, Ecuador
mhaboud@puce.edu.ec

Antje Muntendam, University of Illinois at Urbana-Champaign, Dept. of Spanish, Italian and Portuguese, 4080 Foreign Language Building MC-176, 707 S. Mathews, Urbana, IL 61801, Estados Unidos
muntenda@uiuc.edu

Pieter Muysken, Linguistics, Radboud University Nijmegen, Postbus 9103, 6500 HD Nijmegen, Países Bajos
P.Muysken@let.ru.nl

Hella Olbertz, Kruithuisstraat 122, 1018 WW Amsterdam, Países Bajos
olbertz@xs4all.nl

Inge Sichra, ProEIBAndes, Casilla 6759, Cochabamba, Bolivia
isichra@proeibandes.org

Lengua y Sociedad en el Mundo Hispánico

Últimos volúmenes publicados

1. Perl, Matthias; Schwegler, Armin (eds.): *América negra: panorámica actual de los estudios lingüísticos sobre variedades hispanas, portuguesas y criollas*. 1997
2. Ortiz López, Luis A.: *Huellas etno-sociolongüísticas bozales y afrocubanas*. 1998 (agotado)
3. Ortiz López, Luis A. (ed.). *El Caribe hispánico: perspectivas lingüísticas actuales. Homenaje a Manuel Álvarez Nazario*. 1999
4. Megenney, William W.: *Aspectos del lenguaje afronegroide en Venezuela*. 1999
5. Zimmermann, Klaus: *Política del lenguaje y planificación para los pueblos amerindios: Ensayos de ecología lingüística*. 1999
6. Calvo Pérez, Julio: *Teoría y práctica del contacto: el español de América en el candelero*. 2000
7. Londoño Vélez, María Victoria; Patiño Ossa, Germán: *Golondrinas en cielos rotos. Lenguaje y educación en las narraciones infantiles*. 2001
8. Zimmermann, Klaus; Stolz, Thomas (eds.): *Lo propio y lo ajeno en las lenguas austronésicas y amerindias. Procesos interculturales en el contacto de lenguas indígenas con el español en el Pacífico e Hispanoamérica*. 2001
9. Díaz, Norma; Ludwig, Ralph; Pfänder, Stefan (eds.): *La Romania americana. Procesos lingüísticos en situaciones de contacto*. 2002
10. Schrader-Kniffki, Martina: *Spanisch-Zapotekische Bitt- und Dankeshandlungen. Sprachkontakt und Höflichkeit in einer amerindischen Kultur Mexikos*. 2003
11 Noll, Volker; Zimmermann, Klaus; Neumann-Holzschuh, Ingrid (eds.): *El español en América. Aspectos teóricos, particularidades, contactos*. 2005
12. Marta Fairclough: *Spanish and Heritage Language Education. Struggling with hypotheticals*. 2005
13. Bettina Kluge: *Identitätskonstitution im Gespräch. Südchilenische Migrantinnen in Santiago de Chile*. 2005
14. Olbertz, Hella; Muysken, Pieter (eds.): *Encuentros y conflictos: bilingüismo y contacto de lenguas en el mundo andino*. 2005

www.ingramcontent.com/pod-product-compliance
Lightning Source LLC
LaVergne TN
LVHW101919220826
846093LV00009B/305

9788484892021